읽기만 해도 **실력 쑥쑥**
재미 두 배 **코믹 만화**

알찬 과학 상식

등장인물

우리(주인공)
요리를 좋아하고, 맛집 유튜브 채널 운영.
순하고 무엇이든 성실히 열심히 한다.
성격이 좋아서 주변 사람들과 잘 어울려
지내는 인싸다.

만세
주인공의 남동생으로 주인공보다
키가 커서 형님 같다.
축구 클럽에서 활동, 축구 영재로 불린다.
형제끼리 사이가 좋은 편이다.

윤아
뒷모습은 남자 같고, 앞모습도
약간은 우락부락하다.
외모 콤플렉스가 있다.

지호
운동 잘하고, 키도 크고 인기가 있다.
공부보다는 운동이 좋다.
우리와 유치원부터 친구 사이이다.

은하
수학 영재지만,
잘난 체하지 않고
순한 편이다.

읽기만 해도 **실력 쑥쑥**
재미 두 배 **코믹 만화**

알찬 과학 상식

글 정인영 그림 토리아트

은하수 미디어
EUNHASOOMEDIA

차례

생명 과학 상식

1. 고양이 수염을 자르면 어떻게 될까요? 8
2. 뱀은 왜 혀를 날름거릴까요? 14
3. 나는 왜 아빠와 엄마를 닮았을까요? 20
4. 인스턴트식품을 먹으면 키가 안 클까요? 26
5. 개미끼리는 어떻게 대화할까요? 32
6. 곤충을 식용으로 먹을 수 있을까요? 38
7. 정말 벌이 점점 사라지고 있을까요? 44
8. 똥은 어떻게 만들어질까요? 50
9. 독초는 정말 먹으면 안 될까요? 56

지구 과학 상식

10. 지구는 정말 둥글게 생겼을까요? 64
11. 바다 밑은 어떻게 생겼을까요? 70
12. 하루 종일 낮이라면 잠이 안 올까요? 76
13. 파도는 왜 칠까요? 82
14. 땅이 정말 움직일까요? 88
15. 바람은 부는 방향이 일정할까요? 94
16. 달의 뒷면을 볼 수 있을까요? 100
17. 화성에 정말 사람이 살 수 있을까요? 106
18. 별자리는 왜 계절마다 다르게 보일까요? 112

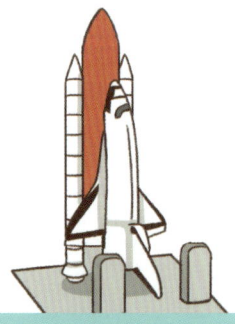

물리 상식

19 하늘은 왜 파랗게 보일까요? 120
20 그림자는 어떻게 만들어질까요? 126
21 어떻게 하면 물에 뜰까요? 132
22 신발 바닥에는 왜 무늬가 있을까요? 138
23 달에 가면 날씬해질 수 있을까요? 144
24 신재생 에너지로 어떤 것이 있을까요? 150
25 우리 생활에서 거울은 어디에 있을까요? 156
26 쇠를 자석으로 바꿀 수 있을까요? 162
27 컵은 세우고 식탁보만 뺄 수 있을까요? 168

화학 상식

28 다양한 물질로 의자를 만들 수 있을까요? 176
29 컵은 무엇으로 만들면 좋을까요? 182
30 빵 반죽은 왜 크기가 커질까요? 188
31 바닷물은 왜 마시면 안 될까요? 194
32 설탕을 더 많이 녹일 수 있을까요? 200
33 비린내 나는 도마를 왜 식초로 닦을까요? 206
34 산성비는 왜 나쁠까요? 212
35 과일로 불을 켤 수 있을까요? 218

1 고양이 수염을 자르면 어떻게 될까요?
2 뱀은 왜 혀를 날름거릴까요?
3 나는 왜 아빠와 엄마를 닮았을까요?
4 인스턴트식품을 먹으면 키가 안 클까요?
5 개미끼리는 어떻게 대화할까요?
6 곤충을 식용으로 먹을 수 있을까요?
7 정말 벌이 점점 사라지고 있을까요?
8 똥은 어떻게 만들어질까요?
9 독초는 정말 먹으면 안 될까요?

생명 과학 상식

1 고양이 수염을 자르면 어떻게 될까요?

고양이 수염은 입 주변뿐 아니라 귀와 눈, 앞발 등에서도 볼 수 있는데, 다른 동물의 수염보다 특별한 의미가 있다고 해요. 고양이에게 수염은 어떤 의미이며, 만약 고양이 수염을 자르면 무슨 일이 일어나는지 함께 알아보아요.

 같이 알아보기

없어서는 안 되는 고양이 수염

고양이는 코 양옆과 입 주변에 많은 수염이 있어요. 고양이 수염은 눈 위, 귀 주변, 턱 아래, 앞발 뒤쪽에서도 볼 수 있는데 몸에 있는 털보다 2~3배 정도 두껍고 뿌리도 3배 정도 더 깊어요. 고양이에게 무척 중요한 수염에 대해 알아보아요.

고양이 수염은 몸의 균형을 잘 잡을 수 있도록 도와주는 기능이 있어요. 고양이가 높고 간격이 좁은 곳에서도 떨어지지 않고, 빠르게 움직일 수 있는 것은 수염 때문이에요.

고양이는 수염으로 공기의 흐름을 감지하여 주변 물체의 크기, 높이, 움직임, 온도까지 파악할 수 있어요. 바람은 어느 방향으로 부는지, 고양이가 들어갈 만한 공간이 되는지, 장애물의 크기가 얼마나 되고 어느 정도 떨어져 있는지, 사냥감이 어디에 있고 어떻게 움직이는지 모두 수염으로 알아낼 수 있어요. 그래서 고양이가 좁은 공간에 잘 들어가고, 어두운 곳에서 잘 움직이고, 사냥을 잘하는 거예요. 수염이 민감한 신경과 근육에 연결되어 있어서 주변 상황을 빠르게 파악하고 대처할 수 있기 때문이지요.

고양이 수염은 고양이의 감정을 나타내기도 해요. 평소에는 수염이 살짝 내려가 있고 움직이지 않지만, 기분이 좋을 때는 수염이 곧게 서 있거나 펼쳐져 있어요. 그리고 수염이 뺨에 딱 붙어 뒤쪽을 향해 있으면 긴장했거나 불안한 상태라는 것을 의미하니 잘 살펴보아야 해요.

고양이 수염은 아주 민감하므로 고양이는 수염에 그릇이나 음식물이 닿는 것을 매우 싫어해요. 그래서 고양이에게 밥을 줄 때는 바닥에 뿌려 주거나, 손바닥에 얹어 주는 게 좋아요. 그릇에 줄 때는 넓고 편평한 그릇에 주는 것이 좋지요.

고양이 수염은 다양한 기능을 수행하는 기관으로 고양이가 살아가는 데 있어 매우 중요해요. 수많은 정보를 수염으로 얻으므로 함부로 고양이 수염을 자르면 안 돼요. 그 대신 올바른 방법으로 고양이 수염을 관리해 주어야 하지요. 고양이 수염을 닦아 줄 때는 부드러운 칫솔로 따뜻한 물에 수염의 방향대로 닦아 주는 게 좋아요. 그와 함께 우리 주변에 있는 고양이를 아끼고 사랑해 주어요.

2 뱀은 왜 혀를 날름거릴까요?

원통형으로 가늘고 긴 몸에 피부가 비늘로 덮여 있는 뱀을 떠올리면 혀를 날름거리는 모습이 먼저 생각나요. 이는 뱀의 특징 중 하나이지요. 뱀이 두 갈래로 갈라져 있는 긴 혀를 왜 끊임없이 날름거리는지 함께 알아보아요.

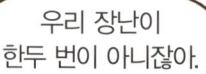

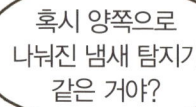

같이 알아보기

혀로 냄새를 맡는 뱀

사람의 혀는 음식 맛을 느끼는 데 사용하는데, 뱀은 먹이를 통째로 삼켜 버리기 때문에 혀로 맛을 느낄 필요가 없어요. 그렇다면 뱀은 혀로 무엇을 할까요? 뱀은 혀로 냄새를 맡아요. 뱀의 입천장 쪽에는 '야콥슨'이라는 기관이 있는데, 이 야콥슨 기관에는 냄새를 맡고, 그 냄새가 무슨 냄새인지 구별하는 신경이 있어요. 뱀은 혀를 입 밖으로 길게 빼고 날름거리면서 공기 중에 떠다니는 냄새 입자를 모아 야콥슨 기관에 보내요. 그러면 야콥슨 기관에서는 뱀이 사냥해야 할 먹이 냄새인지, 뱀을 잡아먹으려는 천적 냄새인지 등을 빠르게 파악해서 움직인답니다.

뱀은 시력이 약해서 아주 가까운 거리가 아니면 잘 보지 못해요. 소리도 잘 듣지 못하고요. 뱀은 소리를 모으는 외이와 소리를 전달하는 중이가 퇴화해서 겉으로는 귀가 없는 것처럼 보여요. 다행히 진동을 감지해 소리를 듣는 내이가 있지만, 소리를 듣기는 어렵지요. 그래서 뱀은 시각과 청각을 이용해 먹이를 사냥하거나 천적을 피하기 어려워요. 그 때문에 냄새를 맡는 후각이 가장 발달하게 되었지요. 자연에서 살아남기 위해 더 빠르고, 정확하게 냄새를 맡아야 하는 뱀은 코로 들어오는 냄새만 맡는 것이 아니라, 혀를 날름거리며 적극적으로 냄새를 찾으려고 해요.

앞이 하나도 안 보여!

또한 뱀은 냄새의 종류뿐 아니라 냄새가 나는 방향이 어디인지도 알아야 해요. 그 냄새가 뱀이 찾는 먹이 냄새라면 그 방향으로 움직여야겠지만, 천적의 냄새라면 그 냄새가 나는 방향과 반대 방향으로 빠르게 피해야 하니까요.

오른쪽 나무 뒤에서 쥐의 냄새가 풍기는군!

뱀의 혀가 매우 길고 두 갈래로 갈라진 것은 혀가 닿는 곳을 넓혀 냄새의 방향을 정확히 찾기 위해서예요. 혀가 두 갈래로 갈라지면 혀를 각각 오른쪽과 왼쪽으로 보낼 수 있어서 혀가 한 갈래일 때보다 냄새가 나는 방향을 빠르고 정확하게 알 수 있지요. 이처럼 뱀이 끊임없이 혀를 날름거리는 것과 뱀의 혀가 두 갈래로 갈라진 것은 모두 뱀이 혀로 냄새를 잘 맡기 위한 특징이랍니다.

3 나는 왜 아빠와 엄마를 닮았을까요?

가족사진을 보면 똑같은 틀에 넣어 찍어 낸 붕어빵처럼 가족끼리 서로 닮은 모습을 볼 수 있어요. 자녀는 부모의 외모를 닮기도 하지만, 성격이나 좋아하는 음식, 습관 등을 닮기도 하지요. 우리는 왜 아빠와 엄마를 닮았는지 함께 살펴보아요.

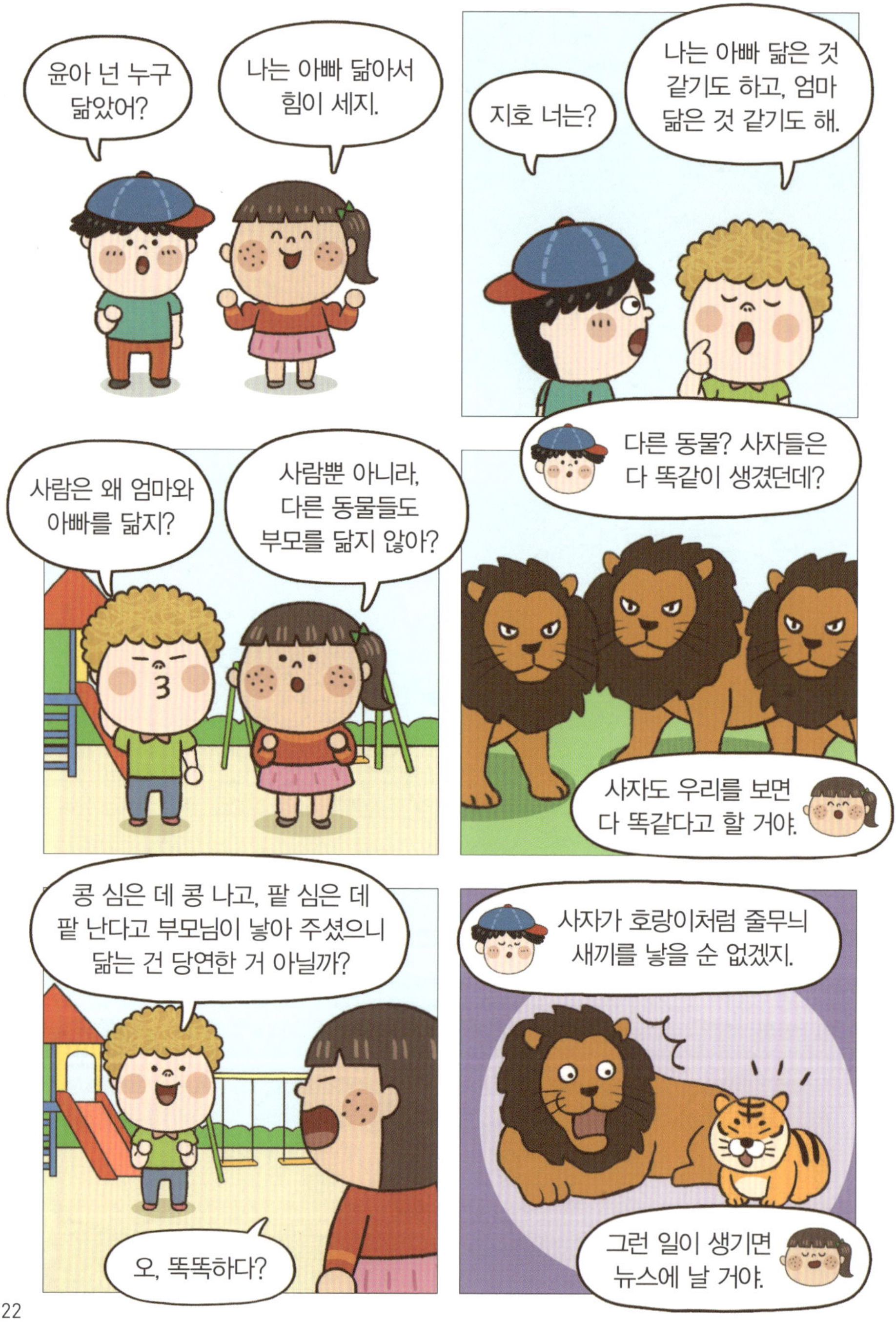

대대로 물려받는 유전자

부모의 혈액형, 피부색, 키, 얼굴 모양 등과 같은 형질이 자녀에게 전달되는 현상을 '유전'이라고 해요. 곰에서는 새끼 곰이 나오고, 완두콩 싹에서는 완두콩이 나오는 것처럼 어버이의 형질을 자손에게 전하는 물질을 '유전 형질'이라고 해요. 그리고 개개의 유전 형질을 발현시키는 원인이 되는 게 바로 '유전자'예요.

우리 몸을 이루고 있는 세포핵에는 23쌍(46개)의 염색체가 있는데, 이 염색체에는 다양한 유전자가 들어 있어요. 우리 몸에는 아빠 염색체와 엄마 염색체가 반반씩 들어 있는데, 여자와 남자를 결정하는 것은 성염색체예요. 남자의 성염색체는 X 염색체 하나와 Y 염색체 하나(XY), 여자의 성염색체는 X 염색체 2개(XX)로 이루어져 있어요. 우리는 아빠와 엄마에게서 성염색체를 1개씩 받아요. 이러한 유전자 때문에 아빠와 엄마를 닮은 모습이 우리에게 나오는 거지요. 아빠와 엄마의 몸에는 각각 할아버지와 할머니의 염색체가 반반씩 들어 있어서 우리에게 할아버지나 할머니를 닮은 모습도 나올 수 있는 거예요.

유전자 중에는 더 잘 나타나는 형질이 있어요. 쌍꺼풀과 외꺼풀 중에는 쌍꺼풀이 더 잘 나타나고, 곱슬머리와 생머리 중에는 곱슬머리가 더 잘 나타나지요. 그래서 아빠와 엄마 중 한 명만 쌍꺼풀이 있어도 자녀가 쌍꺼풀을 가질 확률이 더 높아요. 이처럼 두 형질 중 다음 세대에 나타나는 형질을 '우성', 나타나지 않는 형질을 '열성'이라고 해요. 아빠와 엄마의 염색체를 반반씩 가지고 있지만, 어느 한쪽 부모를 더 많이 닮은 것처럼 보이는 것은 열성 형질처럼 표현되지 않는 것도 있기 때문이에요. 겉으로 보이는 모습뿐만 아니라 성격, 식성, 습관 등도 유전된다는 연구 결과가 있어요. 어렸을 적 아빠 엄마와 비슷한 행동이나 습관을 보이는 것이 그런 경우예요. 또 좋아하는 음식이나 알레르기 반응이 나타나는 음식이 같은 경우 등이 그러한 예라고 할 수 있지요.

하지만 유전만으로 모든 게 결정되는 것은 아니에요. 부모의 키가 크지 않아도 자녀의 키가 클 수 있거든요. 환경이나 생활 습관, 운동 등에 따라 얼마든지 키가 클 수 있지요. 알면 알수록 신기한 유전의 세계랍니다.

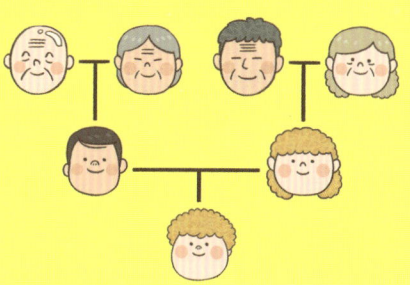

4 인스턴트식품을 먹으면 키가 안 클까요?

즉석에서 간편하게 조리해서 먹을 수 있는 식품을 '인스턴트식품'이라고 해요. 간편하고 맛있어서 사람들은 인스턴트식품을 좋아해요. 그런데 인스턴트식품을 많이 먹으면 건강에 좋지 않고, 키도 자라지 않는다는데 사실일까요?

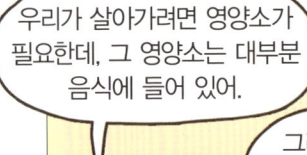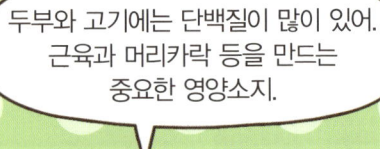

우리가 살아가는 데 꼭 필요한 영양소

　우리 몸은 여러 가지 성분으로 이루어져 있어요. 그래서 몸을 구성하거나 생명을 유지하고 움직이기 위한 에너지를 만드는 영양소가 꼭 필요해요. 우리는 이러한 영양소를 대부분 음식을 통해서 얻어요. '3대 영양소'라 불리는 단백질, 탄수화물, 지방은 에너지원으로 사용되고, 무기 염류, 비타민, 물은 몸의 구성 성분이 되거나 생리 기능을 조절하는 영양소예요.

　단백질은 쇠고기, 돼지고기, 닭고기, 생선, 달걀, 콩 등에 많이 들어 있는 영양소예요. 우리 몸의 피부, 근육, 머리카락 등을 만드는 데 필요한 물질로 우리 몸을 구성하는 주성분이에요. 탄수화물은 쌀, 밀, 고구마, 감자 등에 많이 들어 있는 영양소로 대부분 에너지를 만드는 데 사용되어요. 지방은 땅콩, 아몬드 등과 같은 견과류, 기름, 버터 등에 많이 들어 있는 영양소로 몸속 기관을 보호하고 체온을 일정하게 유지하는 역할을 해요. 지방은 다른 영양소보다 몸에 잘 저장되는데, 영양소가 부족할 때 에너지를 만드는 데 쓰여요. 하지만 너무 많이 저장되면 몸무게가 느는 원인이 될 수 있어 지방이 들어 있는 음식은 적당히 먹어야 해요.

　이와 함께 중요한 영양소인 물은 우리 몸의 60~70%를 구성하는데, 대부분은 몸속을 돌아다니며 산소와 영양소, 노폐물을 운반해요. 뼈나 이, 혈액을 구성하며 몸의 생리 기능을 조절하는 칼슘, 칼륨, 나트륨, 인 등의 무기 염류와 채소에 많이 들어 있는 비타민도 우리 몸에 꼭 필요한 영양소예요.

　이처럼 우리 몸에서 여러 가지 기능을 담당하는 영양소가 부족하면, 기운이 없고 몸이 약해져 병에 걸리거나 심하면 목숨이 위험해질 수 있어요. 특히 성장기 어린이에게 영양소가 부족하면 성장 발달에 문제가 발생하지요.

　라면이나 냉동식품과 같은 인스턴트식품은 간편하게 조리해서 먹을 수 있는 편리함이 있지만, 열량은 높은 대신 무기 염류나 비타민 등의 영양소는 낮아요. 또한 오래 보존하기 위한 인공 첨가물과 설탕, 소금 등이 많이 들어 있어 자주 먹으면 건강에 좋지 않아요. 우리 몸의 건강을 위해서는 영양소를 골고루 섭취하는 것이 가장 바람직하답니다.

단백질	탄수화물	지방	무기 염류	비타민	물

5 개미끼리는 어떻게 대화할까요?

개미는 여왕개미를 중심으로 수많은 개미가 함께 모여 사는 군집 생활을 해요. 개미의 움직임을 보면 그 수가 많음에도 매우 질서 있게 움직이는 모습을 볼 수 있지요. 개미끼리는 어떻게 대화하기에 그 많은 개미가 움직이는지 함께 살펴보아요.

냄새로 대화하는 개미

개미는 수만 마리가 무리 지어 살아요. 개미 사회는 크게 여왕개미, 수개미, 일개미로 나뉘는데 각자 역할에 따라 일해요. 그래서 개미끼리의 의사소통이 꼭 필요하지요. 개미는 주로 페로몬을 이용해 의사소통을 하는데, 종에 따라 소리를 내기도 해요. 그러나 소리의 세기가 아주 약해서 개미는 땅으로 전달되는 진동으로 소리를 느낀답니다.

페로몬은 동물의 몸속에서 분비되는 화학 물질로, 개미는 다른 개미에게 전할 내용이 생기면 페로몬을 분비해요. 개미의 배와 머리, 다리 등에는 외분비샘이 여러 개 있는데 바로
여기에서 페로몬이 분비되지요. 각각의 외분비샘에서는 서로 다른 페로몬을 만들어 내는데, 그 냄새와 의미가 각각 다르다고 해요. 여왕개미가 수개미를 유혹할 때, 동료에게 위험을 알릴 때, 먹이를 발견하고 그 길을 알려줄 때 등 개미는 전할 내용에 따라 각기 다른 페로몬을 만들어 분비해요. 다른 개미들은 이렇게 만들어진 페로몬을 더듬이로 감지하고 그 의미를 이해하지요.

개미는 혼자 옮길 수 없는 큰 먹이를 발견하면 배의 끝부분을 땅에 끌며 집으로 가요. 배 끝부분에서 나오는 페로몬을 땅 위에 뿌려 냄새 길을 만드는 거예요. 그러면 다른 개미들이 더듬이로 냄새를 맡고 먹이를 가지러 가지요. 페로몬은 시간이 지나면 날아가 버리기 때문에 먹이가 남아 있으면, 냄새 길이 사라지지 않도록 돌아오는 길 위에 다시 페로몬을 뿌려 냄새 길을 진하게 만들어요. 그러나 먹이가 남아 있지 않으면, 돌아오는 길 위에 페로몬을 뿌리지 않고 냄새 길이 사라지게 두어요. 다른 개미들이 냄새를 맡고 먹이를 찾아 헛걸음하지 않게요.

이처럼 페로몬을 이용하면 소리로 전달하는 것보다 수많은 개미에게 정확하게 내용을 전달할 수 있어서, 개미들의 군집 생활이 잘 이루어질 수 있답니다.

6 곤충을 식용으로 먹을 수 있을까요?

지진, 태풍, 이상 기후 현상 등이 전 세계적으로 나타나면서 미래에는 농작물과 가축 공급이 어려워지고, 식량이 부족할 수 있다고 해요. 곤충은 이러한 식량 부족 현상을 해결할 미래 식량 중 하나라고 하는데, 정말 곤충을 먹을 수 있는지 알아보아요.

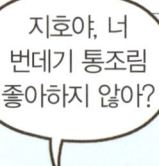

같이 알아보기

미래의 식량이 될 곤충

전 세계적으로 출생률은 낮아졌지만, 인간의 수명이 늘어나면서 여전히 지구의 인구수는 꾸준히 늘어나고 있어요. 사람이 늘어나면 그만큼 식량과 주거 공간이 필요하지요. 그러나 농작물은 환경 오염과 가뭄, 홍수, 폭설, 이상 기온 등 이상 기후 현상이 많이 나타나면서 그 생산량이 점점 줄어들고 있어요. 이런 현상이 계속되면 우리가 가진 식량 자원보다 인구수가 더 많아져 미래에는 식량 부족의 위기를 겪을 수 있다고 해요. 그리하여 많은 사람이 식량 부족 위기를 해결할 미래 식량을 찾고 있는데, 대표적인 미래 식량 중 하나가 곤충이에요.

사람들이 먹을 고기를 생산하기 위해서는 소, 돼지, 닭 등을 키울 넓은 공간이 필요하고 고기를 얻기까지 시간도 오래 걸려요. 그리고 소와 같은 되새김질하는 동물은 많은 양의 메탄가스를 배출해요. 이 메탄가스는 지구 온난화의 주요 요인이 되기도 하지요. 또한 많은 양의 옥수수와 콩 등이 가축 사료로 사용되면서 사람들이 먹을 수 있는 농작물 양이 줄어들어 그 가격이 오르는 문제점도 생겼어요.

그에 비해 곤충은 가축을 키울 때보다 필요한 공간과 자원이 많지 않고, 환경을 오염시킬 가능성도 적어요. 또한 곤충은 맛이 좋고 단백질, 미네랄, 칼슘 등이 풍부하며 지방의 비율은 낮은 편이라 건강에도 좋지요. 질병에 좋은 효능도 많아서 우리나라에서는 이미 오래전부터 곤충을 약재로 사용했으며 메뚜기, 번데기 등을  식품으로 먹기도 했어요. 곤충이 미래 식량이 되면 고기를 얻기 위해 가축을 잡아 죽이는 일도 줄어들 수 있어요. 이러한 이유로 농작물과 가축을 대체할 미래 식량으로 곤충이 주목받고 있지요.

다만 곤충을 식량으로 사용하는 것에 가장 큰 걸림돌은 많은 사람이 곤충의 혐오스러운 모습 때문에 먹는 데 거부감을 느낀다는 거예요. 곤충을 무서워하거나 싫어하는 사람들이 꽤 많거든요. 보는 것조차 좋아하지 않는데 음식으로 먹는 것은 더욱더 힘들겠지요? 그래서 곤충을 그대로 사용하기보다는 갈아서 가루로 만든 뒤 쿠키나 과자, 면 등으로 만들어 사용하는 등 새로운 요리법이 꾸준히 연구되고 있답니다.

7 정말 벌이 점점 사라지고 있을까요?

꽃밭에서 흔하게 볼 수 있는 벌. 하지만 그 벌이 급격하게 사라지고 있다는 슬픈 소식이 들리고 있어요. 정말 벌이 사라지고 있을까요? 벌이 왜 사라지고 있는지, 또 벌이 사라지면 어떤 일이 생기는지 함께 살펴보아요.

벌이 사라지면 안 되는 이유

2006년 미국 플로리다주에서 한 양봉업자가 여왕벌을 제외하고 모든 일벌이 사라진 사건을 신고했어요. 벌이 집단으로 사라지는 이러한 현상을 '군집 붕괴 현상'이라고 하는데, 미국뿐 아니라 우리나라를 포함해 전 세계적으로 일어나고 있으며, 지금까지 매년 수많은 벌이 사라지고 있어요.

많은 학자가 벌이 사라지는 원인을 찾기 위해 노력했지만, 정확한 원인을 찾지 못했어요. 지구 온난화로 인한 이상 기후, 살충제와 제초제로 인한 피해, 곰팡이와 바이러스의 피해, 개발로 인한 숲과 풀밭의 감소 등을 이유로 꼽아요.

벌이 건강해지려면 다양한 꽃꿀을 먹고 자라야 해요. 그런데 사람들이 돈이 되는 농작물만 대량으로 심고, 돈이 되지 않는 식물은 뽑아 버리는 바람에 벌은 적은 종류의 꽃꿀만 먹게 되었지요. 그 결과 면역력이 떨어져 허약해진 벌이 오래 살지 못하는 것도, 벌이 사라지는 원인 가운데 하나로 꼽혀요. 이 다양한 원인은 모두 사람들 때문이에요. 지구 온난화가 심해지는 것도, 살충제와 제초제를 뿌리는 것도, 풀과 나무를 뽑고 건물을 짓는 것도, 돈 되는 농작물만 심는 것도 모두 사람들이니까요.

벌이 점점 사라지는 것은 단순히 벌만의 문제가 아니에요. 식물은 꽃가루받이가 이루어져야 열매를 맺을 수 있어요. 꽃가루받이는 바람, 물, 새, 곤충에 의해 이루어져요. 곤충에 의한 꽃가루받이는 대부분 벌에 의해 이루어지지요. 그런데 벌이 사라지면 식물이 열매를 맺을 수 없으니 채소, 과일, 견과류 등의 생산량이 감소하고, 그것을 먹고 사는 새와 동물, 결

국은 사람에게까지 영향을 끼쳐요. 벌이 사라지면 인류도 멸망하게 될 거라는 예측이 실제로 일어날 수도 있지요.

그런 일이 일어나지 않도록 지금부터라도 농약 사용을 줄이고, 무분별한 개발은 막고, 다양한 꽃나무와 풀을 많이 심어 푸른 녹지를 보존하는 등 우리 모두의 노력이 필요한 때입니다.

8 똥은 어떻게 만들어질까요?

똥을 생각하면 무엇이 먼저 떠오르나요? 아마도 '더럽다, 냄새난다'라고 말할 거예요. 우리가 먹는 음식은 더럽지 않은데, 왜 우리 몸에서 똥이 만들어지는 걸까요? 똥이 어떻게 만들어지는지 함께 살펴보아요.

 같이 알아보기

똥이 만들어지는 과정

　모든 동물은 몸을 구성하고 움직이는 데 필요한 에너지를 만들기 위해 음식을 먹어요. 그리고 먹은 음식을 소화해 영양분을 흡수하고 남은 찌꺼기를 몸 밖으로 내보내는 게 바로 '똥'이에요.

　몸이 영양분을 흡수하기 위해서는 음식을 작게 분해해야 해요. 이런 과정을 '소화'라고 하는데 우리가 음식을 먹으면 입에서부터 소화가 시작돼요. 이로 음식을 잘게 자르고 씹은 뒤, 혀로 음식과 침을 잘 섞어 작은 덩어리로 분해하면 식도, 위, 십이지장을 거치며 소화액이 나와 음식을 분해하고 작은창자로 넘어가지요. 작은창자에서는 소화와 함께 영양분 흡수가 시작되는데, 융털로 가득한 창자벽은 음식물이 오래 머물게 해서 영양분을 많이 흡수해요.

　작은창자에서 영양분이 흡수되고 남은 찌꺼기는 큰창자로 넘어가요. 똥이 만들어지는 것은 바로 큰창자에서부터예요. 큰창자는 작은창자보다 굵은데 한 번에 많은 양의 음식물 찌꺼기를 받기 위해서랍니다. 길이는 작은창자보다 짧고 창자벽은 융털 없이 매끈해요. 이는 큰창자는 영양분을 많이 흡수할 필요가 없고, 음식물 찌꺼기가 수월하게 지나가게 하기 위해서지요.

　작은창자에서 넘어온 음식물 찌꺼기는 아직 흡수가 덜 된 영양분과 물이 남아 있어요. 큰창자에서 물과 남아 있는 영양분을 마저 흡수하면 부드러운 덩어리의 똥이 만들어지고, 항문을 통해 몸 밖으로 내보내지요. 큰창자 속 미생물들이 찌꺼기를 분해하는 과정에서 만들어지는 가스가 바로 '방귀'랍니다.

　사람은 음식을 먹으며 사는 동안 똥을 누어요. 똥은 환경을 오염시킬 수도 있고, 잘 사용하면 훌륭한 자원이 될 수도 있어요. 똥에 나뭇잎이나 재, 겨 등을 넣으면 땅에 좋은 거름이 되고, 똥에 있는 천연가스의 주성분인 메탄가스는 화석 연료를 대체할 수 있는 바이오 에너지로 사용할 수 있으니 채소나 콩 등 건강한 음식을 먹고, 건강한 똥을 누어요.

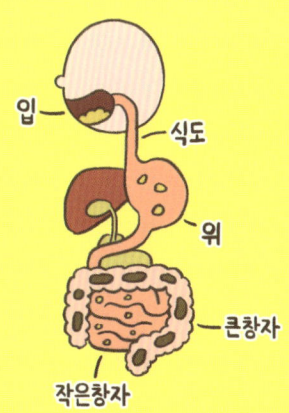

9 독초는 정말 먹으면 안 될까요?

식물 중에는 '독초'라고 불리는 것이 있어요. 말 그대로 독이 들어 있는 풀이지요. 그 식물은 왜 독을 가지게 되었을까요? 독초라고 불리는 것은 정말 먹으면 안 되는지 함께 살펴보아요.

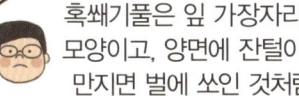

조심해야 할 독초

독을 가진 풀을 '독초' 또는 '독성 식물'이라고 해요. 독초에 들어 있는 독은 가려움증과 같은 가벼운 증상에서부터 심하면 사람의 목숨까지 위험하게 할 정도로 증상이 다양해요. 독을 가진 부분도 식물마다 달라서 뿌리, 줄기, 잎, 열매, 씨앗 중 어느 한 곳에만 독이 있기도 하고, 어떤 식물은 그 모든 부분에 독이 있기도 해요. 심지어 냄새에 독성이 있어서 그 식물의 냄새를 맡는 것만으로도 위험한 경우가 있어요.

식물에 독이 들어 있는 이유는 동물로부터 자신을 보호하고 번식하기 위해서예요. 특히 산이나 들판과 같은 야생에서 나는 식물은 야생 동물로부터 자신을 보호하기 위해 대부분 약하게라도 독성을 가진 것이 많아요. 흔히 독초는 생김새가 특이하거나 화려할 것으로 생각하는데 대부분은 다른 풀과 크게 다르지 않아요. 심지어 우리가 먹을 수 있는 식물과 비슷하게 생겨서 독초와 독초가 아닌 것을 구분하기 어려운 경우도 많답니다. 따라서 우리가 잘 아는 식물처럼 생겨도 야생 식물은 함부로 만지거나 먹지 않는 게 좋아요.

독초는 절대로 먹으면 안 되고 위험하기만 할까요? 아니에요. 적당히 먹으면 건강에 좋아서 그 독성을 이용해 약으로 사용할 때도 있어요. 우리 조상들은 오래전부터 약의 재료로 식물을 사용했으며, 그중에는 독초로 불리는 것도 많아요.

'미치광이풀'은 신경 흥분 효과가 있어 사람이나 동물이 먹으면 미친 듯이 흥분하고 날뛴다고 해서 붙여진 이름이에요. 그러나 뿌리와 잎을 안전하게 먹으면 진통제, 진정제로 쓰여요. '옻나무' 수액이 피부에 묻으면 피부염을 일으키지만, 위장병이나 복통 등에 약재로도 쓰여요.

그래서 전문 지식이 없는 사람이 독초를 함부로 사용하거나 먹으면 아주 위험해요. 산이나 들판의 식물은 눈으로 관찰만 하고 함부로 만지거나 먹지 않는 것이 가장 안전하답니다.

10 지구는 정말 둥글게 생겼을까요?
11 바다 밑은 어떻게 생겼을까요?
12 하루 종일 낮이라면 잠이 안 올까요?
13 파도는 왜 칠까요?
14 땅이 정말 움직일까요?
15 바람은 부는 방향이 일정할까요?
16 달의 뒷면을 볼 수 있을까요?
17 화성에 정말 사람이 살 수 있을까요?
18 별자리는 왜 계절마다 다르게 보일까요?

지구 과학 상식

10 지구는 정말 둥글게 생겼을까요?

인공위성에서 찍은 지구 사진을 보면 우리가 사는 지구는 푸르고 둥글어요. 그런데 왜 우리 눈에는 편평하게 보이는 걸까요? 그리고 어떻게 둥근 지구에서 우리가 떨어지지 않는지 함께 알아보아요.

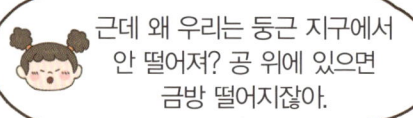

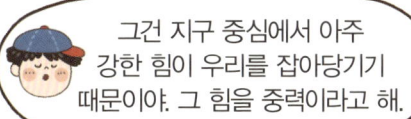

같이 알아보기

둥글둥글 지구

오늘날 우리는 지구가 둥글게 생겼다는 사실을 쉽게 알 수 있어요. 우주에서 찍은 지구 사진으로 지구의 둥근 모습을 확인할 수 있으니까요. 하지만 지구 밖으로 나가서 모습을 확인할 수 없었던 옛날 사람들은 지구가 둥글게 생겼다고 생각하지 않았어요. 땅은 편평하고 하늘은 둥글다고 생각하기도 했고, 네모난 상자처럼 생겨서 배를 타고 바다 끝까지 가면 떨어질 수 있다고도 생각했지요.

옛날 사람들도 지구가 둥글다는 사실을 확인할 방법이 있었어요. 먼저 항구로 들어오는 배를 보았을 때, 돛부터 보이기 시작해서 점점 배 전체가 보이는 것이 지구가 둥글다는 증거예요. 지구가 편평하다면 항구에서 멀어질 때는 배 전체가 점점 작아지고, 항구로 들어올 때는 배 전체가 점점 커져야 하니까요. 월식(태양과 달 사이에 지구가 위치하면서 지구 그림자에 달이 가려지는 현상) 때 달에 생긴 지구의 그림자가 둥근 것도 지구가 둥글다는 증거랍니다. 또한 마젤란은 1519년 9월 에스파냐에서 서쪽으로 항해를 시작했는데 비록 그는 항해 중에 죽었지만, 그의 부하가 항해를 계속해 3년 만인 1522년 9월에 다시 에스파냐로 돌아오면서 최초로 세계 일주에 성공했어요. 한 방향으로 계속 항해하여 출발한 곳으로 다시 돌아옴으로써 지구가 둥글다는 사실을 직접 증명한 것이지요.

이처럼 의심할 여지 없이 둥글게 생긴 지구지만, 우리는 평소에 그 사실을 잘 느끼기 어려워요. 지구가 사람보다 매우 크기 때문이에요. 그리고 둥근 지구에서 우리가 떨어지지 않는 것은 지구에는 모든 물체를 지구의 중심으로 끌어당기는 힘, 즉 중력이 있기 때문이지요. 지구는 완벽하게 둥근 공 모양은 아니에요. 지구 가운데 적도 부분이 살짝 더 긴 타원 모양이지만, 그 차이가 눈으로 확인할 수 있는 정도는 아니라서 지구 사진을 보면 거의 둥근 모양의 공처럼 보인답니다.

11 바다 밑은 어떻게 생겼을까요?

바닷가에서 파도치는 것을 보거나 물놀이를 한 적 있나요? 바다에서 노는 것은 무척 재미있지만, 물속에서 숨을 쉴 수 없는 우리는 깊은 바다 밑 세상을 구경하는 게 쉽지 않아요. 저 깊은 바다 밑은 어떻게 생겼을지 함께 살펴보아요.

같이 알아보기

산도 있고 계곡도 있는 바다 밑 세상

바다는 지구 위에서 육지를 제외한 부분으로 짠물이 괴어 하나로 이어진 넓고 큰 부분이에요. 지구 표면의 약 70%는 바다로 이루어져 있고, 지구가 푸른색으로 보이는 것도 바다 때문이에요. 지구에서 생명체가 최초로 나타난 곳도 바다이고, 지구 전체 생명체의 약 80%가 바다에 살고 있어요. 그래서 일찍이 바다에 대한 많은 연구가 이루어졌지만, 우리는 여전히 바다 세상에 대해서 아는 것보다 모르는 것이 더 많아요. 우리는 바닷속에서 자유롭게 숨을 쉴 수가 없고, 바다는 전자파가 통하지 않아서 기술이 발달한 지금도 바닷속을 관찰하는 일은 쉽지 않기 때문이지요. 저 깊은 바다 밑은 어떻게 생겼을까요?

사람들은 바다 깊은 곳으로 내려가면 편평한 바닥이 있을 것으로 생각하지만 바다에도 산과 계곡, 숲이 있어요. 그 깊이에 따라 대륙붕, 대륙 사면, 해구 등으로 나뉘는데, '대륙붕'은 육지에서 바다로 이어지는 수심 200m까지 경사가 완만한 지형이에요. '대륙 사면'은 대륙붕과 해양 대지 사이에 있는 경사가 급한 사면이고, '심해저'는 깊은 바다 밑 비교적 평탄하고 광대한 지형으로 수심이 2,000~6,000m예요. 바다 밑바닥에 좁고 길게 도랑 모양으로 움푹 들어간 곳을 '해구'라고 해요. 마리아나 해구에는 세계에서 가장 깊은 비티아즈 해연이 있는데, 깊이가 11,034m로 세계에서 가장 높은 산인 에베레스트를 넣어도 약 2,000m가 남아요. 바다 밑에 있는 산은 '해산'이라고 부르는데, 해산 중에는 마그마를 분출하는 해저 화산이 있고, 바닷속에서도 지진이 일어나요.

바다 밑에도 육지 식물처럼 꽃이 피고 씨앗으로 번식하는 식물이 있어요. 미역, 김, 다시마 같은 해조류들이 무리 지어 살며 바다 숲을 이루기도 해요.

이러한 바다 숲은 바다 동물들의 먹이가 되고 서식지가 되어 주지요. 이처럼 바다 밑은 편평하지 않고 육지와 비슷하게 산과 계곡, 숲도 있고, 많은 생물이 살고 있답니다.

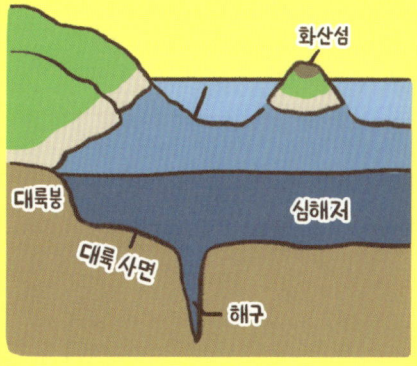

12 하루 종일 낮이라면 잠이 안 올까요?

우리 지구에는 일 년에 몇 개월, 하루 종일 낮이 계속되는 곳이 있어요. 북극 지방은 6월 하순쯤에, 남극 지방은 12월 하순쯤에 나타나지요. 이처럼 밤에도 해가 지지 않는 것을 '백야'라고 해요. 이럴 때 잠은 어떻게 자는지 함께 알아보아요.

하루 종일 해가 지지 않는 백야

하루 종일 해가 지지 않고 낮이 계속되는 현상을 '백야'라고 해요. 백야 현상은 노르웨이, 아이슬란드, 러시아, 캐나다, 미국 알래스카, 칠레, 아르헨티나 등과 같이 극지방에 가까운 나라에서 볼 수 있어요. 백야 현상은 몇 개월 동안 계속되는데 가장 긴 곳은 6개월간 지속되기도 해요.

백야 현상이 나타나는 이유는 지구의 자전축이 기울어진 채 태양 주위를 돌기 때문이에요. 지구는 하루에 한 번씩 자전축을 중심으로 스스로 회전해요. 이것이 '지구의 자전'이에요. 지구가 자전하면서 태양을 바라보는 쪽은 낮이 되고, 태양을 등진 반대쪽은 밤이 됩니다. 낮과 밤이 반복되는 것은 지구의 자전 때문이지요. 우리 눈에 해가 동쪽에서 떠서 서쪽으로 지는 것처럼 보이는 것도 지구가 시계 반대 방향, 즉 서쪽에서 동쪽으로 움직이기 때문이에요.

지구의 자전축은 똑바르지 않고 23.5° 정도 기울어졌어요. 자전축은 지구가 자전하는데 중심이 되는 축으로 남극과 북극을 직선으로 연결한 가상의 축이에요. 자전축이 기울어져 있어서 북극 지방은 여름에 태양 쪽으로 기울어 자전을 해도 하루 종일 태양 빛을 받지요. 반면 남극 지방은 여름에 태양 빛을 받지 못해 하루 종일 해가 뜨지 않고 밤이 계속되는 '극야 현상'이 발생해요. 겨울에는 반대로 북극 지방에 극야, 남극 지방에 백야 현상이 나타나지요.

하루 종일 낮이 계속되거나, 밤이 계속되는 것은 사람들에게 별로 좋지 않아요. 낮이 계속되면 야외 활동을 하기에 좋지만, 잠을 편히 잘 수가 없어요. 백야 현상이 나타나면 사람들은 암막 커튼을 사용하여 주변을 어둡게 하거나, 안대를 착용한 뒤 잠을 자려고 노력하지요. 그래도 잠이 깊게 들지 않아 힘들어하는 사람들이 많다고 해요. 반면 극야 현상이 계속되면 햇빛이 부족해 비타민 D가 부족해지고, 야외 활동을 하기 어려워서 우울증이나 피로감을 호소하는 사람들도 많아진다고 해요. 그래서 낮과 밤이 균형을 이루는 것이 정말 중요하답니다.

13 파도는 왜 칠까요?

바닷가에서 시원한 파도 소리를 들으면 기분이 좋아져요. 그래서 많은 사람이 바다에서 수영을 하거나 서프보드를 타고 파도를 즐겨요. 그런데 파도는 왜 칠까요? 그 이유를 함께 살펴보아요.

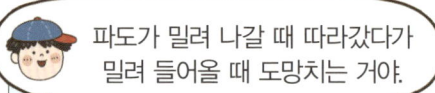

 같이 알아보기

파도가 치는 이유

파도는 '바다에 이는 물결'이라는 뜻으로, 바다에 가면 항상 파도치는 모습을 볼 수 있어요. 파도가 잔잔한 날도 있고, 무서울 정도로 큰 파도가 치는 날도 있지요. 파도의 세기는 매일매일 다르지만, 파도가 치지 않는 날은 없어요. 파도는 왜 치는 걸까요?

파도가 치는 가장 큰 원인은 바람이에요. 넓고 넓은 바다는 산이나 나무와 같은 장애물이 주변에 거의 없어서 바람이 쉽게 만들어지는 환경을 가지고 있어요. 바람에 의해 바닷물이 출렁이게 되고, 위로 올라간 물결이 내려오면서 운동 에너지를 가져요. 위아래로 움직임이 반복되면서 점차 진동이 커지면 그 에너지가 없어질 때까지 아주 먼 거리를 이동해 육지까지 오면서 파도가 치지요. 바람이 세게 불면 파도가 커지고, 바람이 약하게 불면 파도도 약해지는데, 바람의 세기와 지속 시간, 바람이 불고 있는 방향 등에 따라 파도의 크기와 방향이 결정되어요.

그런데 해안가에 바람이 불지 않는데도 큰 파도가 덮칠 때가 있어요. 이것은 육지에서 멀리 떨어진 넓은 바다에서 바람에 의해 만들어진 파도가 육지까지 온 것으로 매우 위험하지요. 먼바다에서 바람에 의해 만들어진 파도는 별다른 장애물 없이 에너지를 잃지 않고, 먼 거리를 이동하면서 물결의 간격은 길어지고 파도는 점점 높아져요. 물결의 간격이 길어서 바람이 없는 잔잔한 바다에 큰 파도가 칠 것이라고 예상하지 못한 상태에서 갑자기 큰 파도가 덮치는 거예요.

또 달이 지구 주위를 공전하면서 지구를 끌어당기는 힘도 파도가 치는 원인 중 하나예요. 지구의 자전 때문에 밀물과 썰물의 차이가 생기기도 하고요. 지진이 일어날 때 생기는 해일도 있어요. 그러니 바닷가에서는 항상 파도를 조심하고, 파도가 세게 칠 때는 바다 가까이 가기보다는 멀리 떨어져 있는 게 안전하답니다.

14 땅이 정말 움직일까요?

우리가 매일 밟고 다니는 땅이 갑자기 흔들린다면 매우 불안하고 무섭겠지요? 우리나라에서도 종종 지진이 발생했다는 뉴스를 보거나, 지진 재난 문자를 받은 적이 있을 거예요. 단단해 보이는 땅이 정말 움직이는지 함께 살펴보아요.

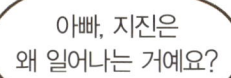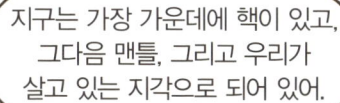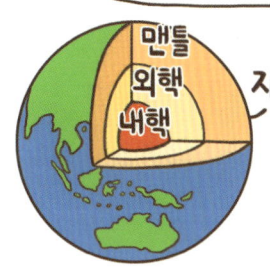

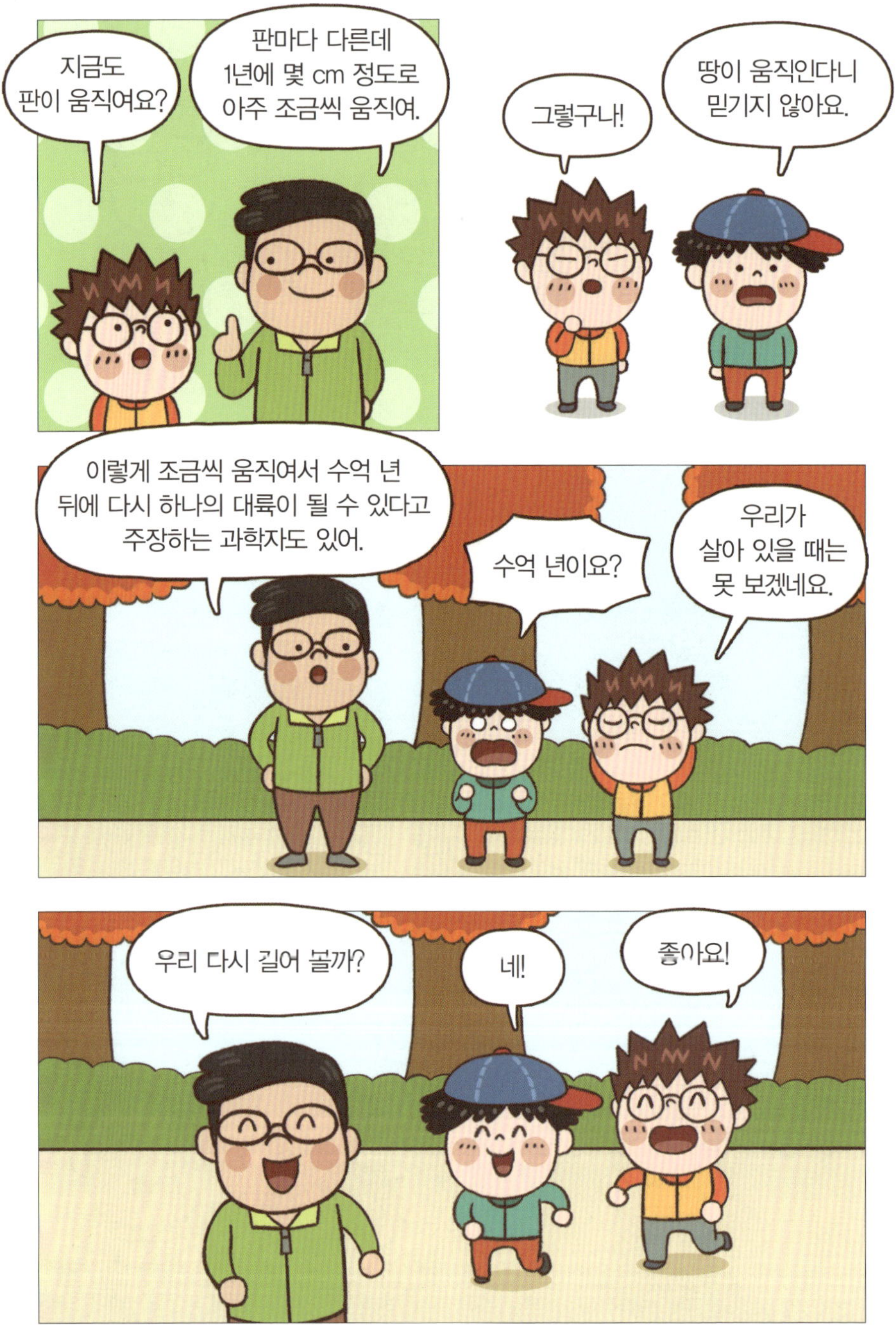

움직이는 지구 표면

지진은 지구 내부에서 어떤 힘으로 땅이 갈라지고 흔들리는 현상이에요. 사람들은 지진이 왜 일어나는지 알고 싶었지요. 고대 그리스에서는 바다의 신 포세이돈이 사람들을 벌주기 위해 삼지창을 땅에 꽂아서 지진이 일어난다고 믿었어요.

독일의 기상학자 베게너는 《대륙과 대양의 기원》이라는 책에서 현재 대륙들이 원래는 하나의 커다란 대륙이었다고 주장했어요. 그 대륙들이 오랫동안 각기 다른 방향으로 아주 천천히 움직여 현재의 대륙 모양이 되었다고 했지요. 그 증거로 대서양 양쪽에 있는 남아메리카 동해안과 아프리카 서해안의 해안선이 일치하고, 떨어져 있는 대륙에서 같은 종류의 동식물 화석이 발견된 것을 제시했어요. 하지만 그의 주장은 그 당시에는 받아들여지지 않았어요.

그러나 그 뒤로 과학자들이 깊이 연구한 결과, 지구의 구조와 맨틀 위의 지각이 움직일 수 있다는 것을 알게 되었지요. 또한 바다를 포함한 지구 표면이 여러 개의 판으로 이루어져 있고, 그 판들이 맨틀의 대류 현상으로 움직이면서 하나였던 대륙이 현재와 같은 대륙 분포가 되었음을 밝혀냈어요.

지구 표면의 판은 지금도 조금씩 이동하고 있어요. 판들은 서로 맞물려 있어 하나의 판이 이동하면 다른 판도 영향을 받아요. 그 판들이 이동하면서 서로 충돌하거나 벌어지면 지진, 화산 활동 등 여러 가지 지각 변동이 생겨요.

지진과 화산 폭발이 자주 발생해 '불의 고리'라고 불리는 환태평양 지진대는 태평양 주변의 대륙과 해양과의 경계 부근에 있는 지진대로 여러 판의 경계가 있는 곳이에요. 지진이 자주 일어나는 일본은 유라시아판, 필리핀판, 태평양판 경계에 있어서 판들의 충돌이 잦아요. 판의 움직임 때문에 지진과 화산 활동이 발생한다는 것을 증명하는 셈이지요.

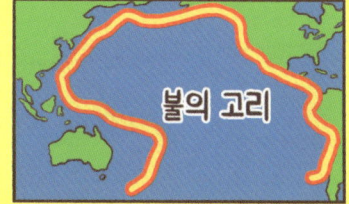

15 바람은 부는 방향이 일정할까요?

더운 여름날, 시원한 바람이 불면 더위가 싹 사라지고 바람이 고마워져요. 하지만 겨울에 세찬 바람이 불면 추위에 온몸이 떨리고 바람이 원망스럽지요. 바람은 어디에서 불어오는 걸까요? 바람은 부는 방향이 정해져 있는지 함께 살펴보아요.

 같이 알아보기

온도 차이에 따라 달라지는 바람의 방향

　바람은 공기의 움직임이에요. 공기가 가만있지 않고 움직이기 때문에 바람도 불지요. 공기는 어떻게 움직일까요? 온도가 높은 곳의 더운 공기는 가벼워서 위로 올라가고, 찬 공기는 아래로 내려와요. 그러면 따뜻한 쪽에 빈 곳이 생기고, 주변의 공기가 그쪽으로 이동해요. 그때 부는 게 바로 바람이에요. 바람은 온도가 낮은 쪽에서 높은 쪽으로 불어요. 그리고 공기의 압력인 기압은 온도가 높아지면 낮아지고, 온도가 낮아지면 높아져요. 그래서 바람은 고기압에서 저기압으로 분다고 할 수 있어요.

　바람의 방향은 육지에서는 온도와 기압에 따라 그때그때 달라져요. 하지만 바닷가에서는 낮과 밤에 따라 바람의 방향이 일정하게 정해져 있어요. 육지는 바다보다 열을 받았을 때 온도가 빨리 올라가고, 또 열이 식을 때는 바다보다 빨리 온도가 내려가지요. 이러한 까닭에 낮에는 바다가 육지보다 온도가 낮아서 바다에서 육지로 바람(해풍)이 불어요. 반대로 밤이 되면 육지가 바다보다 온도가 낮아서 육지에서 바다로 바람(육풍)이 불지요. 이처럼 바닷가에서 낮과 밤에 따라 바람의 방향이 정해져 있는 것은 육지와 바다가 만나는 곳이다 보니, 낮과 밤에 따라 육지와 바다의 온도 차이가 생기기 때문이지요.

　바닷가에서뿐 아니라 계절에 따라서도 바람의 방향이 정해져 있어요. 바닷가에서 부는 바람의 원리와 같은 이유로 여름에는 대륙과 바다 중 바다가 대륙보다 온도가 낮아서 바다에서 대륙으로 바람이 불어요. 또 겨울에는 대륙이 바다보다 온도가 낮아서 대륙에서 바다로 바람이 불지요.

　만약 어느 곳이나 온도 차이가 나지 않는다면 어떻게 될까요? 그러면 바람이 거의 불지 않게 된답니다. 바람이 세게 분다면 그만큼 온도 차이가 크게 난다는 거예요. 이처럼 바람이 부는 이유는 온도 차이에 따라 공기가 움직이기 때문이며, 그 방향은 온도가 낮은 쪽(고기압)에서 온도가 높은 쪽(저기압)으로 불어요.

16 달의 뒷면을 볼 수 있을까요?

밤하늘을 올려다보면 달이 떠 있어요. 어느 곳에 있든 달을 보는 게 어렵지 않지요. 그런데 지구에서는 달의 한쪽 면만 볼 수 있대요. 우리는 정말 달의 뒷면을 볼 수 없는 걸까요? 함께 살펴보아요.

지구에서는 볼 수 없는 달의 뒷면

밤하늘의 달은 매일매일 그 모양이 달라요. 옛날 사람들은 달을 보며 다양한 상상을 했는데, 검게 보이는 표면을 연결해서 떡방아를 찧고 있는 토끼로 표현했어요. 이는 우리가 항상 달의 같은 면만 보기 때문인데, 우리가 보고 있는 면을 '달의 앞면'이라고 해요.

우리는 왜 달의 뒷면을 볼 수 없을까요? 그것은 달의 공전과 자전 주기가 같기 때문이에요. 지구가 태양 주위를 도는 것처럼 달은 약 27.3일 정도의 시간이 걸려 지구를 한 바퀴 돌아요. 이것을 '달의 공전'이라고 하는데, 달의 모양이 달라지는 것처럼 보이는 이유예요. 달은 스스로 빛을 낼 수 없어서 태양 빛이 없으면 우리는 달을 볼 수 없어요. 달이 지구를 돌면서 그 위치가 달라

지기 때문에 태양 빛을 받는 부분과 받지 않는 부분도 달라져 우리 눈에 달의 모양이 달라지는 것처럼 보이는 거지요.

달도 지구처럼 스스로 도는 자전을 하는데, 달은 지구와 달리 공전과 자전에 걸리는 시간이 같고, 방향도 반시계 방향으로 같아요. 공전을 하면서 달의 위치가 바뀐 만큼 자전을 하므로 지구에서 보면 항상 달의 같은 면이 보여요.

지구에서 달을 볼 때 어둡게 보이는 부분을 '달의 바다'라고 해요. 실제로 물이 있는 것은 아니고, 지구의 바다처럼 보인다고 붙여진 이름이에요. 이 부분의 암석 색깔이 어둡기 때문이지요. 반대로 밝게 보이는 부분은 '달의 육지'라 불리는 곳으로 달의 바다보다 지역이 높으며, 모양과 크기가 다양한 운석 구덩이가 모여 있어요.

달의 뒷면 탐사가 어려운 이유는 지구 반대편에 있어서 지구와 직접 통신을 주고받을 수 없기 때문이에요. 달의 뒷면은 1959년에 소련(지금의 러시아)에서 발사한 탐사선 '루나 3호'가 처음으로 촬영에 성공했어요. 달의 뒷면 탐사에 대한 노력은 지금도 계속되고 있답니다.

17 화성에 정말 사람이 살 수 있을까요?

지구가 아닌 다른 행성에 살아야 한다면 어느 행성에 살 수 있을까요? 과학자들은 태양계 행성 중에 화성이 사람이 살 수 있는 가능성이 가장 높다고 말해요. 화성에 정말 사람이 살 수 있을지 함께 알아보아요.

아직은 사람이 아닌 로봇이 있는 화성

　사람들은 미지의 세계인 우주를 보며 지구가 아닌 다른 곳에 생명체가 살고 있는지 항상 궁금해했어요. 만약 우리가 지구에 더는 살 수 없게 된다면 다른 행성 중 어디에서 살 수 있을지 알고 싶어 했지요. 옛날에는 그저 의문만 품고 있었다면 지금은 연구와 기술이 발달하면서 우주 탐사가 가능해지고, 태양계 행성에 대한 비밀이 조금씩 밝혀지고 있어요. 우리는 다른 행성에서 살 수 있을까요?

　수성은 태양 가까이에 있어서 표면 온도가 약 400℃ 정도로 매우 뜨거워요. 금성은 대기층이 대부분 이산화탄소로 이루어져 있어서 이산화탄소가 열을 가둬 대기의 온도가 올라가는 온실 효과 현상이 일어나 수성보다 더 뜨겁지요. 그래서 수성과 금성은 탐사선조차 착륙하기 어렵고, 뜨거운 열을 견디지 못해 자주 고장 났어요. 그리고 목성과 토성은 단단한 땅이 없고 기체로 이루어져 있으며, 태양에서 멀기 때문에 사람이 살 수 없을 정도로 기온이 내려가지요.

　반면 화성은 표면이 단단한 땅으로 되어 있어요. 그리고 밤에는 영하 140℃ 정도이지만, 낮에는 20℃ 정도라서 적당한 보호 시설과 장비가 있다면 사람이 살 수 있는 기온이지요. 화성은 약 24시간 37분 정도 걸려 자전하기 때문에 지구의 하루 시간과 비슷해요. 그리고 자전축이 지구와 비슷한 기울기로 기울어져 있어서 지구처럼 계절의 변화도 뚜렷하지요. 물이 흘렀던 흔적도 발견되었고, 화성의 극지방에서는 얼음으로 된 이산화탄소와 물이 발견되었어요. 이 부분을 '극관'이라고 하는데 여름에는 녹아서 작아지고 겨울이 되면 더 커져요. 과학자들은 그것을 이용하여 물을 이용할 방법을 연구하고 있어요.

　그래서 태양계 행성 중 지구와 비슷한 점이 가장 많은 화성에 탐사 장비를 가장 많이 보냈어요. 현재도 화성 탐사 프로젝트는 진행 중이에요. 아직은 물과 공기가 부족해 사람이 살 수 없지만, 화성에도 언젠가는 사람이 살 수 있기를 희망하고 있답니다.

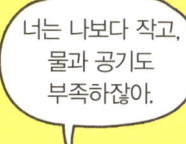

18 별자리는 왜 계절마다 다르게 보일까요?

밤하늘에는 달과 함께 별들이 반짝여요. 그런데 계절마다 밤하늘에 보이는 별자리가 다르다고 해요. 여름에는 견우성이 있는 독수리자리, 겨울에는 오리온자리가 잘 보이지요. 별자리는 왜 계절마다 다르게 보이는지 함께 살펴보아요.

계절마다 다르게 보이는 별자리

별자리는 아주 오래전 사람들이 만들었어요. 사람들은 계절마다 보이는 별의 위치가 다르다는 것을 알고, 나침반이 없던 시절에 시간과 방향을 알기 위해 잘 보이는 별들을 연결해 별자리를 만들었지요. 이것이 그리스와 로마 사람들에게 전해졌고, 신화에 나오는 인물, 동물, 사물의 이름이 붙여졌어요.

같은 별자리에 있는 별들이 우리 눈에는 바로 옆에 붙어 있는 별처럼 보이지만, 사실은 서로 아주 멀리 떨어져 있거나, 밝기도 다르다는 걸 알고 있나요? 별자리는 그저 잘 보이는 별들을 사람들이 서로 연결해 만들었기 때문이지요. 그러다 보니 나라나 지역마다 별자리 모양이나 이름이 제각각이고 별자리 수도 무척 많았어요. 지금은 국제 천문 연맹에서 정한 별자리만 정식 별자리로 인정받아요.

그런데 계절마다 밤하늘에서 볼 수 있는 별자리가 다른 이유는 무엇일까요? 그것은 바로 지구가 태양 주위를 도는 공전을 하기 때문이에요. 지구의 공전으로 지구 위치가 달라지기 때문에 우리가 볼 수 있는 별자리의 종류와 위치도 계절마다 달라지지요. 별이 태양과 같은 방향에 있으면 밝은 태양 빛에 가려 지구에서는 보이지 않아요. 그러나 지구를 중심으로 태양과 반대쪽에 있으면 지구에서 별이 잘 보이지요.

봄에 잘 보이는 별자리는 목동자리, 사자자리, 처녀자리가 있고, 여름은 견우성이 있는 독수리자리, 직녀성이 있는 거문고자리, 백조자리, 전갈자리가 잘 보여요. 가을은 물고기자리, 물병자리, 페가수스자리를 관찰할 수 있고, 겨울은 황소자리와 오리온자리가 대표적이며 쌍둥이자리도 잘 보여요.

사계절 중 별이 가장 잘 보이는 계절은 겨울이에요. 겨울에 보이는 별 중에 크고 밝은 별이 많아요. 우리가 보는 별의 위치가 계속 바뀌고, 계절에 따라 가장 잘 보이는 별자리가 다른 이유는 바로 지구가 자전과 공전을 하기 때문이랍니다.

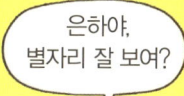

은하야, 별자리 잘 보여?

19 하늘은 왜 파랗게 보일까요?

20 그림자는 어떻게 만들어질까요?

21 어떻게 하면 물에 뜰까요?

22 신발 바닥에는 왜 무늬가 있을까요?

23 달에 가면 날씬해질 수 있을까요?

24 신재생 에너지로 어떤 것이 있을까요?

25 우리 생활에서 거울은 어디에 있을까요?

26 쇠를 자석으로 바꿀 수 있을까요?

27 컵은 세우고 식탁보만 뺄 수 있을까요?

물리 상식

19 하늘은 왜 파랗게 보일까요?

하늘이 무슨 색인지 물으면 대부분 파란색이라고 말해요. 맑고 화창한 날에는 하늘이 더욱더 파랗게 보이지요. 하늘은 정말 파란색일까요? 하늘이 파랗게 보이는 이유를 함께 살펴보아요.

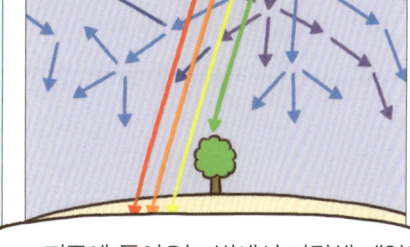

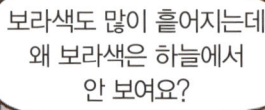

 같이 알아보기

하늘이 파랗게 보이는 이유

지구에서는 하늘이 파랗게 보이지만, 달에서는 하늘이 까맣게 보여요. 지구의 하늘은 왜 파랗게 보이는 걸까요? 그 이유를 알기 위해서는 먼저 빛을 이해해야 해요. 햇빛은 투명한 색으로 보이지만, 사실은 빨강, 주황, 노랑, 초록, 파랑 등 여러 색깔의 빛이 섞여 있어요. 빛이 투명하게 보이는 것은, 물감은 여러 가지 색을 섞으면 까만색이 되지만, 빛은 섞으면 투명해지기 때문이에요.

태양으로부터 오는 빛은 지구 대기를 통과할 때 지구를 둘러싸고 있는 공기와 먼지 알갱이에 부딪혀 사방으로 흩어져요. 이것을 '빛의 산란'이라고 해요. 빛의 산란은 빛의 색깔별로 다르게 일어나는데, 이는 파장과 속도가 다르기 때문이에요. 파장이 짧고 빠른 파란색 계열은 공기와 더 많이 충돌하고 흩어지지만, 파장이 길고 느린 빨간색 계열은 덜 흩어져요. 그래서 하늘이 파랗게 보이지요. 바닷물이 파랗게 보이는 이유도 이와 비슷해요. 빛이 바닷물을 통과할 때 파장이 긴 빨간색 계열은 안쪽으로 흡수되고, 파란색 계열은 표면으로부터 반사되기 때문에 바닷물이 파란색을 띠지요. 바다가 깊어질수록 검게 보이는 것은 빛이 모두 흡수되었기 때문이에요.

그런데 달에는 대기가 없어서 빛의 산란이 일어나지 않아요. 그래서 달에서는 검은 우주가 그대로 보여 하늘이 까맣게 보여요.

해가 뜨거나 질 때 하늘이 붉게 보이는 것도 빛의 산란 때문이에요. 이때는 빛이 비스듬히 들어오기 때문에 빛이 지구까지 오는데 이동 거리가 길어져요. 이동 거리가 길어지면 파란색 빛은 산란이 많이 일어나 우리 눈에 보이기 전에 다 흩어져 버려요. 대신 파장이 길고 느린 빨간색 빛이 우리 눈에 보이게 되지요. 그래서 해가 뜨거나 질 때는 하늘이 붉게 보인답니다.

〈지구에서 본 하늘〉

〈달에서 본 하늘〉

20 그림자는 어떻게 만들어질까요?

맑은 날이면 어디를 가든 우리를 따라다니는 것이 있어요. 그건 바로 우리 모양 그대로 생긴 그림자예요. 그러나 비가 오거나 흐린 날에는 그림자도 사라져요. 그림자는 어떻게 만들어지는지 함께 살펴보아요.

 같이 알아보기

빛이 있어야 나타나는 그림자

그림자는 떼어 놓고 싶어도 우리에게 붙어서 떨어지지 않아요. 내가 하는 대로 그대로 따라 해서 그림자를 또 다른 나로 부르기도 하지만, 깜깜한 곳에서는 그림자를 찾을 수가 없어요. 그림자는 어떻게 만들어지는 걸까요?

그림자는 빛이 있어야 생기는데 빛은 앞으로 곧장 나아가는 성질이 있어요. 구름 사이로 나오는 햇빛, 밤바다의 등대 불빛을 보면 빛이 곧게 뻗어 나간다는 사실을 알 수 있지요. 빛은 곧장 나아가다가 물체가 있으면 그 물체에 가로막혀 더는 나아갈 수 없게 되지요. 그러면 물체 뒤쪽에 빛이 닿지 않아 깜깜한 부분이 생기는데 그것이 바로 '그림자'예요. 그래서 그림자는 항상 빛의 반대 방향에 생기고 빛을 막고 있는 물체의 모양으로 나타나지요.

그림자는 빛이 있어야 생기므로 빛이 사라지면 그림자도 사라져요. 비가 오거나 흐린 날, 밤이나 빛이 들어오지 않는 방에서 그림자가 생기지 않는 것은 빛이 없기 때문이에요. 빛이 여러 방향에서 비추면 그림자도 여러 개 생길 수 있어요.

그림자는 빛이 강하고 주변이 어두우면 선명하고 진하게 나타나고, 빛이 약하고 주변이 밝으면 흐려져요. 유리컵처럼 투명한 물체의 그림자는 빛을 어느 정도 통과시켜 흐리고 연하며, 도자기 컵처럼 불투명한 물체는 빛을 통과시키지 못해서 그림자가 선명하고 진해요. 빛을 받는 부분과 빛을 받지 못하는 부분의 차이가 클수록 그림자가 선명하고 진해요.

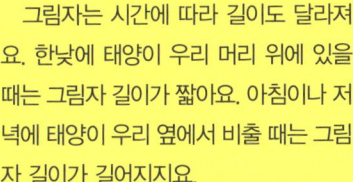

그림자는 시간에 따라 길이도 달라져요. 한낮에 태양이 우리 머리 위에 있을 때는 그림자 길이가 짧아요. 아침이나 저녁에 태양이 우리 옆에서 비출 때는 그림자 길이가 길어지지요.

그림자는 빛과의 거리에 따라서도 크기가 달라져요. 빛과 가까울수록 그림자 크기는 커지고, 빛과 멀어질수록 그림자 크기는 작아지니 내 그림자는 어떻게 생겼는지 자세히 살펴보아요.

21 어떻게 하면 물에 뜰까요?

수영할 줄 모르는 사람은 물에 들어갔을 때, 바닥에 발이 닿지 않으면 가라앉을까 봐 무서워해요. 그런데 사람은 누구나 물에 가라앉지 않고 뜰 수 있어요. 어떻게 하면 물에 가라앉지 않고 뜨는지 함께 살펴보아요.

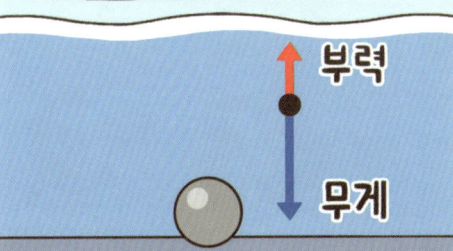

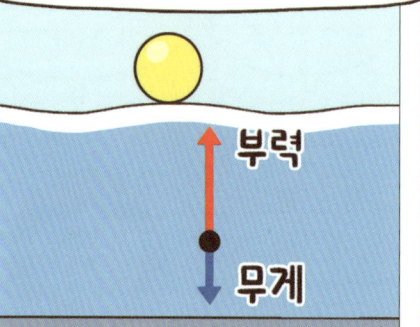

물속에서 물체를 밀어 올리는 힘, 부력

모든 물체는 물 밖에 있을 때보다 물속에서 가벼워져요. 그래서 같은 물건도 물 밖에서보다 물속에서 들 때 힘이 덜 들어요. 물속에서는 물체가 밀어낸 물의 무게만큼 물체를 위로 밀어 올리는 힘인 '부력'이 작용하기 때문이에요. 그래서 물체가 물에 뜰 수 있게 되지요.

하지만 모든 물체가 물에 뜨는 것은 아니에요. 물속에 잠긴 물체에는 부력과 함께 '중력'도 작용해요. 중력은 지구가 물체를 끌어당기는 힘으로, 중력의 크기는 물체의 무게에 해당하지요. 부력보다 중력이 크면(무게가 무거우면) 아래로 끌어당기는 힘이 크기 때문에 물체는 가라앉아요. 부력보다 중력이 작으면(무게가 가벼우면) 아래에서 밀어 올리는 힘이 커서 물체가 물에 뜨지요. 물체가 가볍고 부피가 클수록 부력이 커요. 물놀이에 사용하는 튜브나 구명조끼는 안에 공기가 들어 있어서 가벼우면서 부피가 커서 물에 쉽게 뜰 수 있지요.

사람이 물에 뜨는 이유도 부력 때문이에요. 사람이 머리를 뒤로 젖히고, 몸을 최대한 반듯하게 누우면 가슴에 공기가 차서 자연스럽게 물에 뜰 수 있어요. 그러나 머리를 들면 물과 닿는 부피가 줄고 무게는 무거워져 부력보다 중력이 커져서 물에 가라앉게 되지요.

사람이 물속에서 받는 부력의 크기는 그 사람의 몸무게와 비슷해서 물속 깊이 가라앉기는 쉽지 않아요. 그래서 바다 깊이 내려가는 잠수부나 해녀는 가라앉기 위해서 납으로 만든 무거운 벨트를 차기도 해요. 마찬가지로 물속 깊이 내려가는 잠수함은 공기 조절 탱크에 물을 담아 무게를 무겁게 해서 물속으로 내려가고, 물속에서 나올 때는 공기 조절 탱크에 담긴 물을 내보내고 공기를 채워서 물 위로 떠오르지요.

이처럼 부력의 원리를 이용하면 물체를 물에 뜨게 할 수 있답니다.

22 신발 바닥에는 왜 무늬가 있을까요?

매일 신고 다니는 신발을 뒤집어 보면 바닥에 물결무늬, 줄무늬, 그물무늬 등 여러 무늬가 있는 걸 알 수 있어요. 잘 보이지 않는 신발 바닥에 왜 무늬를 만들어 놓은 걸까요? 신발 바닥에 무늬가 있는 이유를 함께 살펴보아요.

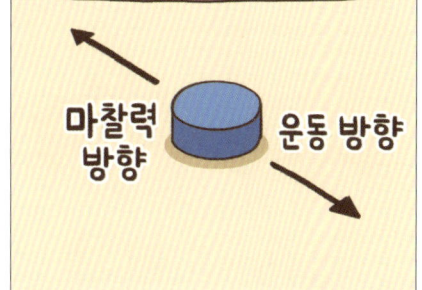

물체의 운동을 방해하는 힘, 마찰력

물체가 어떤 면과 접촉하여 운동할 때 그 운동을 방해하는 힘이 작용하는데, 이 힘을 '마찰력'이라고 해요. 방해하는 힘이라고 하니 마찰력이 없는 것이 좋을 것 같지만, 마찰력이 없으면 걸을 수도 없고, 컵을 집을 수도 없어요. 또 움직이는 물체를 멈출 수도 없어요. 그러므로 마찰력은 우리 생활에서 꼭 필요한 힘이에요.

마찰력은 접촉면이 거칠수록, 물체의 무게가 무거울수록 커져요. 반대로 접촉면이 매끄러울수록, 물체의 무게가 가벼울수록 마찰력은 작아지지요. 그래서 같은 무게라도 접촉면이 거친 흙바닥보다 접촉면이 매끄러운 얼음판에서 더 잘 미끄러져요. 같은 얼음판이라도 무거운 물체보다 가벼운 물체가 더 잘 미끄러지고요.

우리는 주변에서 마찰력의 성질을 이용한 물건이나 방법을 쉽게 찾아볼 수 있어요. 신발 바닥의 울퉁불퉁한 무늬와 자동차 타이어에 있는 여러 가지 무늬는 마찰력을 크게 해서 잘 미끄러지지 않게 하는 경우예요. 계단에 오톨도톨한 미끄럼 방지 테이프를 붙이는 것 역시 바닥과 신발 사이에 마찰력을 크게 해서 계단에서 미끄러지는 것을 막기 위한 거예요. 눈이 오고 난 다음에 자동차 바퀴에 체인을 감는 것과 눈 위에 모래를 뿌리는 것도 접촉면을 거칠게 만들어서 눈길에 미끄러지는 것을 막기 위한 방법이지요.

반면 스키 바닥에 왁스를 발라 더 매끄럽게 만드는 것과 수영장 슬라이드에 물을 뿌리는 것, 자전거 체인에 기름을 바르는 것과 컬링 경기에서 컬링 스톤을 멀리 보내기 위해 얼음판을 닦아 매끄럽게 만드는 것은 모두 마찰력을 작게 만들어 더 잘 미끄러지게 만드는 경우랍니다.

우리의 일상생활은 마찰력과 많은 관련이 있어요. 나는 어떤 마찰력을 사용하고 있는지 살펴보아요.

일반 자동차는 미끄러져서 사고가 나지 않도록 바퀴에 무늬를 넣지만, 경주용 자동차는 더 빨리 달리기 위해 아무 무늬가 없는 매끈한 바퀴를 사용해요.

23 달에 가면 날씬해질 수 있을까요?

지구에서 잰 몸무게와 달에서 잰 몸무게가 다르다는 걸 아나요? 달에서 재면 몸무게가 줄어들지요. 사람은 변하지 않았는데 달에 가면 살이 빠지는 걸까요? 달에서는 왜 몸무게가 줄어드는지 함께 살펴보아요.

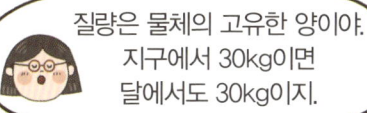

 같이 알아보기

모든 물체에 작용하는 서로 당기는 힘, 중력

중력은 물체와 물체 사이에서 작용하는 힘으로 서로 당기는 힘을 말해요. 그러나 지구상에 있는 물체 사이에 작용하는 중력은 그 크기가 아주 작아서 거의 느끼지 못해요. 그래서 대체로 중력이라고 하면 지구가 물체를 끌어당기는 힘을 뜻하며, 접촉하지 않아도 작용하지요.

지구의 중력은 지구 중심을 향하고 있어서 우리가 둥근 지구에서 떨어지지 않고, 땅에 발을 붙이고 살 수 있게 해 주어요. 물체를 위로 던져도 아래로 떨어지는 것, 물이 높은 곳에서 낮은 곳으로 흐르는 것, 지구에 공기가 존재하는 것, 지구의 물이 쏟아지지 않는 것 역시 중력에 의한 현상이에요.

중력은 지구뿐만 아니라 우주에 있는 모든 물체와 물체 사이에서도 작용해요. 달이 지구 주위를 도는 것, 태양계 행성이 태양 주위를 도는 것도 바로 중력에 의한 현상이지요. 달의 중력은 지구 중력의 6분의 1, 태양의 중력은 지구 중력의 28배로 중력에 따라 물체의 무게가 달라지지요.

무게는 물체에 작용하는 중력의 크기를 나타내는 것으로 단위는 g중(그램중), kg중(킬로그램중), N(뉴턴)을 사용하지요. 우리가 흔히 사용하는 kg(킬로그램)은 질량을 나타내는 단위로, 질량은 물체가 갖는 고유한 양이에요. 지구에서는 질량 1kg과 무게 1kg중이 같아서 질량과 무게의 단위를 따로 구분하지 않고 사용해요. 질량이 클수록 작용하는 중력의 힘이 커져서 무게도 커지지요.

질량은 장소가 달라져도 변하지 않아요. 반면 무게는 측정 장소에 따라 달라져요. 무게는 중력의 크기를 나타내므로 중력이 커지면 무게도 늘어나고, 중력이 작아지면 무게도 줄어들지요. 따라서 지구 중력의 6분의 1에 해당하는 중력이 있는 달에서는 무게도 6분의 1로 줄어듭니다. 그러나 달의 중력이 지구보다 약해서 무게가 가벼워질 뿐이지 질량은 그대로이므로 날씬해지는 것은 아니랍니다.

24 신재생 에너지로 어떤 것이 있을까요?

사람들이 편리하게 생활하기 위해 사용했던 석유, 석탄 등의 화석 연료로 인해 환경 오염과 지구 온난화가 심각해졌어요. 이러한 문제를 해결하기 위해 화석 연료를 대체할 신재생 에너지로 어떤 것들이 있는지 함께 살펴보아요.

 같이 알아보기

미래를 위한 신재생 에너지

  과학 기술이 발전하고 인간에게 필요한 에너지가 많아짐에 따라 석탄, 석유와 같은 화석 연료와 핵 원료 사용이 증가했어요. 그러자 지구 온난화를 일으키는 온실 가스도 증가해서 환경이 오염되고 이상 기후 현상이 많아졌어요. 또한 핵 원료 사용 증가는 인류를 방사능 위험에 노출하고 있지요. 그리하여 현재 인류는 점차 고갈되어 가는 화석 연료를 대신하고, 환경을 보호하며 더 안전한 에너지를 찾기 위해 노력하고 있어요. 이처럼 화석 연료와 핵 원료를 대신해서 쓸 수 있는 대체 에너지를 '신재생 에너지'라고 하는데, 화석 원료를 사용하지 않는 신에너지와 재생 에너지를 합친 말이에요.

  신에너지에는 수소 에너지, 연료 전지, 석탄 액화·가스화 에너지 등이 있어요. 수소 에너지는 물에서 수소를 분리하여 이용하는 에너지로, 원료로 사용할 수 있는 물이 무한하다는 것과 오염 물질을 배출하지 않는다는 장점이 있어요. 수소 연료 전지를 넣은 수소 자동차가 대표적이에요. 석탄 액화·가스화 에너지는 석탄을 액체 원료로 전환하거나 가스로 만들어 전기를 생산하는 기술이에요.

  재생 에너지는 재생할 수 있는 자연 자원으로부터 얻는 에너지로 태양광, 태양열, 풍력, 수력, 파력, 지열, 폐기물, 해양, 바이오 에너지 등이 있어요. 태양광과 태양열은 태양의 빛과 열을 모아 만드는 것이고, 풍력과 수력, 파력, 지열 에너지는 바람, 물, 파도, 땅의 열을 이용하여 만드는 에너지예요. 폐기물 에너지는 쓰레기를 에너지 자원으로 활용하는 것이고, 해양 에너지는 밀물과 썰물, 파도, 조류 등을 이용하여 전기 또는 열을 얻는 에너지예요. 바이오 에너지는 식물, 동물, 미생물의 유기물 따위를 연료로 하여 얻는 에너지로 직접 연소, 메테인 발효, 알코올 발효 따위를 통해 에너지를 얻어요.

  이러한 재생 에너지는 초기 설치 비용이 많이 들고, 자연환경에 영향을 많이 받아 설치할 수 있는 장소의 한계가 있어요. 하지만 태양, 바람, 물 등 원료가 무한하여 오래 쓸 수 있고, 에너지를 만드는 과정에서 환경 오염을 거의 일으키지 않는다는 장점이 있어요. 지구 환경 보호를 위해 신재생 에너지를 개발하는 연구와 노력이 필요하답니다.

25 우리 생활에서 거울은 어디에 있을까요?

거울은 우리 주변 여기저기에서 쉽게 찾아볼 수 있어요. 거울은 우리 모습을 있는 그대로 비춰 줄 것 같지만, 사실은 꼭 그대로 보여 주는 것은 아니랍니다. 우리 생활에서 거울은 어디에 있는지 함께 살펴보아요.

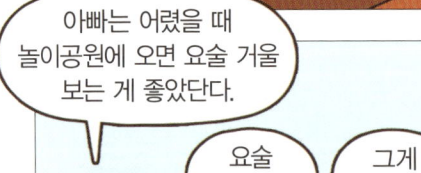

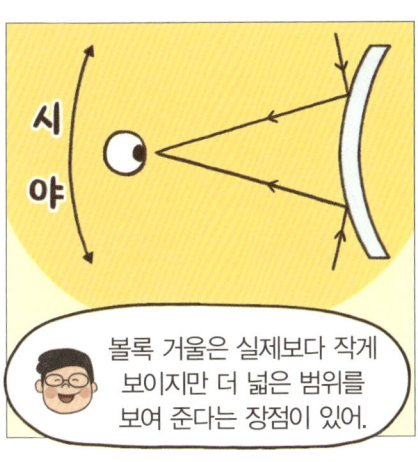

같이 알아보기

오목하고 볼록한 다양한 거울

거울은 빛을 반사하여 물체의 모습을 보여 주는 물건이에요. 유리나 광택 나는 금속처럼 표면이 매끄러운 물체는 빛을 항상 일정한 방향으로 반사해요. 그래서 그 면에 비친 물체의 모습을 우리가 보게 되지요. 잔잔한 호수 표면에 주변 풍경이 비치거나 햇빛에 반짝이는 것도 모두 빛의 반사 때문이에요. 나무나 천과 같은 물체는 표면이 매끄럽지 않으므로 빛이 여러 방향으로 반사하고, 물체가 비치지 않아서 거울로 사용할 수 없어요.

거울은 여러 종류가 있어요. 우리가 일상생활에서 가장 많이 보는 거울은 평면 거울이에요. 거울 표면이 평면으로 되어 있어서 모든 빛이 일정한 각도로 반사하여 실제 모습과 가장 가깝고 물체의 크기를 그대로 나타내지요. 물체의 상하는 바뀌어 보이지 않지만, 좌우는 바뀌어 보여요.

볼록 거울은 거울 표면이 볼록한 거울로 거울 표면이 볼록해서 빛을 퍼지게 하여 실제 모습보다 작게 보이지만 넓은 범위를 보여 주어요. 그래서 눈에 보이지 않는 구석까지 넓은 범위를 보아야 하는 곳에 볼록 거울을 많이 사용해요. 도로 모퉁이에 설치된 반사경, 자동차 사이드 미러, 매장 안 모퉁이에 설치된 반사경 등이 바로 볼록 거울이에요.

오목 거울은 거울 표면이 오목한 거울로 빛을 가운데로 모아 주기 때문에 오목 거울 가까운 곳에 있는 물체는 실제 모습보다 커 보여요. 볼록 거울은 거울과 물체의 위치가 멀어질수록 물체가 작게 보이지만, 비추는 모습은 바로 선 모양으로 같아요. 오목 거울은 물체가 거울 가까이에 있으면 크게 보이고, 물체가 거울에서 멀리 떨어져 있으면 작게 보이면서 위아래가 뒤집힌 모양으로 보여요. 오목 거울은 빛을 모이게 하고 가까이 있는 물체를 밝게 보여 주므로 치과용 거울, 현미경 반사경, 손전등, 자동차 전조등에 사용해요. 올림픽 성화에 불을 붙일 때도 오목 거울을 사용하여 태양 빛을 반사해 한곳으로 모아서 불을 붙인답니다.

26 쇠를 자석으로 바꿀 수 있을까요?

자석은 철로 된 물체를 끌어당기는 자기를 띤 물체예요. 그래서 쇠를 끌어당기지만, 쇠가 다른 쇠를 끌어당기지는 않아요. 그런데 쇠가 자석이 될 수도 있대요. 쇠가 어떻게 자석이 되는지 함께 살펴보아요.

쇠를 자석으로 변하게 하는 방법

못, 클립, 철, 캔 등 쇠로 만들어진 물체는 자석에 붙어요. 그러나 쇠로 만들어진 물체끼리는 서로 붙지 않아요. 하지만 쇠로 만든 물체를 자석으로 만들 수 있는 방법이 있어요. 자석으로 쇠를 문지르면 쇠가 자석의 성질을 띠게 되는데, 이처럼 자석이 아닌 물체가 자석의 성질을 띠게 되는 것을 '자화' 또는 '자기화'라고 해요.

모든 물체가 자화가 가능한 것은 아니에요. 종이, 고무, 플라스틱, 알루미늄처럼 자석에 붙지 않는 물체는 아무리 자석으로 문질러도 자석의 성질을 띨 수 없어요. 못, 클립처럼 자석에 붙는 물체만 자석으로 문지르면 자석의 성질을 띨 수 있지요. 그래서 쇠못을 자석으로 문지르면 자석의 성질을 띠게 되어 쇠로 만든 다른 물체가 붙어요. 그러나 자화된 쇠못이 계속 자석의 성질을 띠는 것은 아니에요. 시간이 지나면 자석의 성질은 다시 사라져요.

자석에는 N극과 S극이 있어요. 자화된 물체도 자석처럼 N극과 S극을 가져요. 쇠못을 자석의 N극으로 위에서 아래로 문지르면 쇠못의 윗부분은 N극이 되고 쇠못의 끝부분은 S극이 되지요. 자석은 같은 극끼리는 밀어내고 다른 극끼리는 잡아당기는 성질이 있어요. 그래서 자석의 N극으로 문지른 두 개의 쇠못을 서로 가까이 대면 쇠못의 끝부분이 모두 S극이 되어 서로를 밀어내지요.

나침반 바늘도 자석으로 만들어져서 자화된 물체를 나침반 바늘에 대면 자화된 물체의 N극과 S극을 확인할 수 있어요. 쇠못을 자석의 S극으로 문지르면 쇠못의 윗부분은 S극이 되고, 쇠못의 끝부분은 N극이 되어요. 이 쇠못 끝부분을 나침반의 N극 바늘에 가까이 대면 나침반 바늘이 돌아가면서 S극 바늘이 와서 붙지요.

자석에는 북쪽을 가리키는 N극과 남쪽을 가리키는 S극이 있어요. 그래서 자석을 물 위에 띄우거나 공중에 매달아 놓으면 항상 북쪽과 남쪽을 가리켜요. 이러한 성질을 이용하여 만들어진 게 나침반이지요. 자석은 우리 일상생활 곳곳에서 편리하게 사용되고 있답니다.

27 컵은 세우고 식탁보만 뺄 수 있을까요?

식탁보 위에 놓인 컵을 쓰러뜨리지 않고 식탁보만 빼는 모습을 본 적 있나요? 쉽지는 않지만, 컵은 서 있고 식탁보만 빠지기도 하지요. 어떻게 하면 컵을 쓰러뜨리지 않고 식탁보만 뺄 수 있는지 함께 알아보아요.

 같이 알아보기

처음의 운동 상태를 계속 유지하려는 성질, 관성

'관성'이란 물체가 외부로부터 아무런 힘의 작용을 받지 않을 때, 멈춰 있던 물체는 계속 멈춰 있으려고 하고, 움직이던 물체는 움직이던 방향으로 계속 움직이려고 하는 성질을 말해요. 즉 멈춰 있거나 움직이는 물체에 어떤 힘을 주지 않는 한 처음의 운동 상태를 계속 유지하려고 하지요.

관성은 우리 주변에서 쉽게 볼 수 있는데 대표적인 예가 달리던 차가 갑자기 멈출 때 타고 있던 사람의 몸이 앞으로 쏠리는 현상이에요. 차에 타고 있는 사람의 몸은 멈춰 있는 것 같지만, 사실은 달리는 차와 함께 앞으로 움직이고 있어요. 그러다 차가 갑자기 멈추면, 그 안에 타고 있던 사람의 몸은 계속 앞으로 움직이려는 관성 때문에 앞으로 쏠리지요. 같은 이유로 멈춰 있던 차가 갑자기 출발하면, 사람의 몸은 계속 멈춰 있으려는 관성 때문에 뒤로 확 젖혀진답니다. 달리기 선수가 결승선에 도착했을 때 바로 멈추지 못하고 조금 더 달려가다 멈추는 것과, 길을 걷다 돌부리에 걸려 넘어지는 것 역시 관성 때문이에요.

쌓여 있는 나무토막에서 위에 쌓인 나무토막을 쓰러뜨리지 않고 맨 아래 나무토막을 빼는 일, 컵 위에 종이를 얹고 그 위에 동전을 올려놓았을 때 종이만 빼고 동전은 컵 안에 떨어지게 하는 일, 식탁보 위에 놓인 컵을 쓰러뜨리지 않고 식탁보만 빼는 일도 모두 관성의 성질을 이용하는 거예요. 나무토막과 동전, 컵에 다른 힘을 가하지 않는 한 계속 멈춰 있으려고 하기 때문에 맨 아래 나무토막을 빼도, 종이를 빼도, 식탁보를 빼도 그 상태를 그대로 유지할 수 있지요. 보통 질량이 클수록 물체의 관성도 커서 운동 상태를 변화시키기 어려워요.

관성은 이탈리아 물리학자이자 천문학자인 갈릴레이에 의해 발견되고, 영국의 물리학자이자 천문학자인 뉴턴에 의해 관성의 법칙으로 정리되었어요.

28 다양한 물질로 의자를 만들 수 있을까요?
29 컵은 무엇으로 만들면 좋을까요?
30 빵 반죽은 왜 크기가 커질까요?
31 바닷물은 왜 마시면 안 될까요?
32 설탕을 더 많이 녹일 수 있을까요?
33 비린내 나는 도마를 왜 식초로 닦을까요?
34 산성비는 왜 나쁠까요?
35 과일로 불을 켤 수 있을까요?

화학 상식

28 다양한 물질로 의자를 만들 수 있을까요?

물질은 물체를 만드는 재료예요. 같은 의자라도 나무, 고무, 섬유, 플라스틱, 금속 등 만드는 물질은 다를 수 있어요. 나무로 만든 의자와 플라스틱으로 만든 의자 등 다양한 물질로 만든 의자는 무엇이 다른지 함께 살펴보아요.

같이 알아보기

다른 물질로 만든 같은 물체와 같은 물질로 만든 다른 물체

우리 집을 둘러보면 식탁, 의자, 소파, 책, 옷, 신발, 가방 등 여러 가지가 보여요. 이처럼 일정한 크기와 모양을 가지고 있으면서 공간을 차지하는 것을 '물체'라고 해요. 그리고 그 물체를 만드는 재료인 가죽, 나무, 플라스틱, 금속, 고무, 섬유 등을 '물질'이라고 하지요. 물체는 물질로 이루어져 있어요.

나무 의자와 플라스틱 의자는 쓰임새가 같은 물체지만, 나무 의자는 나무라는 물질로 만들고, 플라스틱 의자는 플라스틱이라는 물질로 만들어요. 두 의자는 왜 다른 물질로 만들었을까요? 그것은 물질마다 다른 성질을 가지고 있기 때문이에요. 나무는 튼튼하고 부드러우며 무늬가 있어서 책상, 서랍장 같은 가구를 만드는 데 많이 사용해요. 반면 플라스틱은 나무보다 약하지만, 가볍고 매끄러우며 다양한 색깔을 낼 수 있어서 장난감이나 학용품, 바구니 같은 물체를 만드는 데 많이 사용해요. 이 물체들은 서로 쓰임새가 다르지만, 나무와 플라스틱이라는 물질의 고유한 성질을 갖고 있지요.

물체는 한 가지 물질로만 이루어지기도 하지만, 대부분 두 가지 이상의 물질로 이루어져요. 한 가지 물질로만 만들었을 때 생기는 불편한 점을 다른 물질을 사용해서 해결하는 거지요. 예를 들어 의자를 나무나 금속으로만 만들면 튼튼하지만, 딱딱하거나 차가울 수 있으므로 의자 다리는 나무나 금속으로 만들어서 튼튼하게 하고, 등받이나 앉는 부분은 솜이나 천과 같은 섬유를 사용해서 푹신하고 따뜻하게 만드는 거예요.

물질은 물체를 만들 때 그대로 쓰이기도 하고, 다른 물질과 섞거나, 성질이 전혀 다른 새로운 물체로 만들어 쓰기도 해요. 우리 주변에 있는 물체를 보면서 어떤 물질로 만들어졌는지 물질의 고유한 성질은 무엇인지 함께 알아보아요.

29 컵은 무엇으로 만들면 좋을까요?

컵은 물이나 주스처럼 액체를 담아 먹는 그릇이에요. 이러한 컵은 어떤 물질로 만드는 것이 좋을까요? 또 컵을 어떤 물질로 만드냐에 따라 컵의 특징이 어떻게 달라지는지 함께 살펴보아요.

다양한 물질의 성질

　세상에는 수많은 물체가 있지만, 그 많은 물체를 이루는 물질은 물체의 수만큼 많지 않아요. 물체를 만드는 재료인 물질에는 나무, 금속, 유리, 고무, 플라스틱, 가죽, 섬유, 흙 등이 있어요. 물체를 만들 때 어떤 물질로 만들지 정하는 것은 그 물질의 성질에 달려 있어요. 유리나 금속, 나무는 옷을 만들기에는 적합하지 않아요. 딱딱하고 차가운 성질 때문이지요. 부드럽고 따뜻한 가죽이나 섬유가 옷을 만들기에 적합하지요. 그러므로 물체를 만들 때는 물질의 성질을 잘 알아야 해요.

　나무는 물에 잘 뜨고 튼튼하며 금속보다는 가볍고 무늬가 있어요. 그래서 주로 가구나, 장난감 등을 만드는 데 사용해요. 금속은 단단하고 깨지지 않고 광택이 나며 무거워서 주로 못, 망치, 기계 부품, 숟가락 등을 만들어요. 유리는 투명하고 단단하며 잘 깨져서 주로 창문, 어항, 꽃병, 컵 등을 만들지요. 고무는 탄력성과 신축성이 좋고 잘 미끄러지지 않아서 고무장갑, 풍선, 물놀이용품 등을 만드는 데 사용해요. 플라스틱은 가볍고 단단하고 여러 가지 모양과 다양한 색깔을 낼 수 있어서 일상생활에서 가장 많은 곳에 널리 사용돼요. 하지만 열을 가하면 쉽게 변형되고 환경 호르몬이 나오기도 해요. 가죽은 질기고 잘 찢어지지 않아서 옷이나 장갑, 신발 등을 만드는 데 사용되지요. 흙은 빚어서 도자기를 만들기도 하는데, 단단하고 따뜻한 온도를 잘 유지하여 그릇으로 많이 만들고, 집을 짓는 데도 쓰여요.

　쓰임새가 같은 물체라도 이러한 물질의 성질을 이용해서 원하는 물체를 만들 수 있어요. 투명한 컵을 원하면 유리로, 단단하고 깨지지 않는 컵을 원하면 금속이나 나무, 플라스틱으로, 음료를 따뜻하게 보관하려면 흙을 빚어서 만드는 거지요. 물체는 그 물체의 쓰임에 알맞은 재료, 즉 물질로 만든다는 것을 기억하고, 내가 자주 사용하는 물체는 어떤 물질로 만들어졌는지 살펴보아요.

30 빵 반죽은 왜 크기가 커질까요?

부드럽고 쫄깃쫄깃한 빵을 먹으면 기분이 좋아져요. 빵을 만들 때 꼭 해야 하는 과정이 반죽을 발효시키는 일이에요. 반죽을 발효시키면 빵이 크게 부풀어 오르고 커지는데 왜 그런 현상이 일어나는지 함께 살펴보아요.

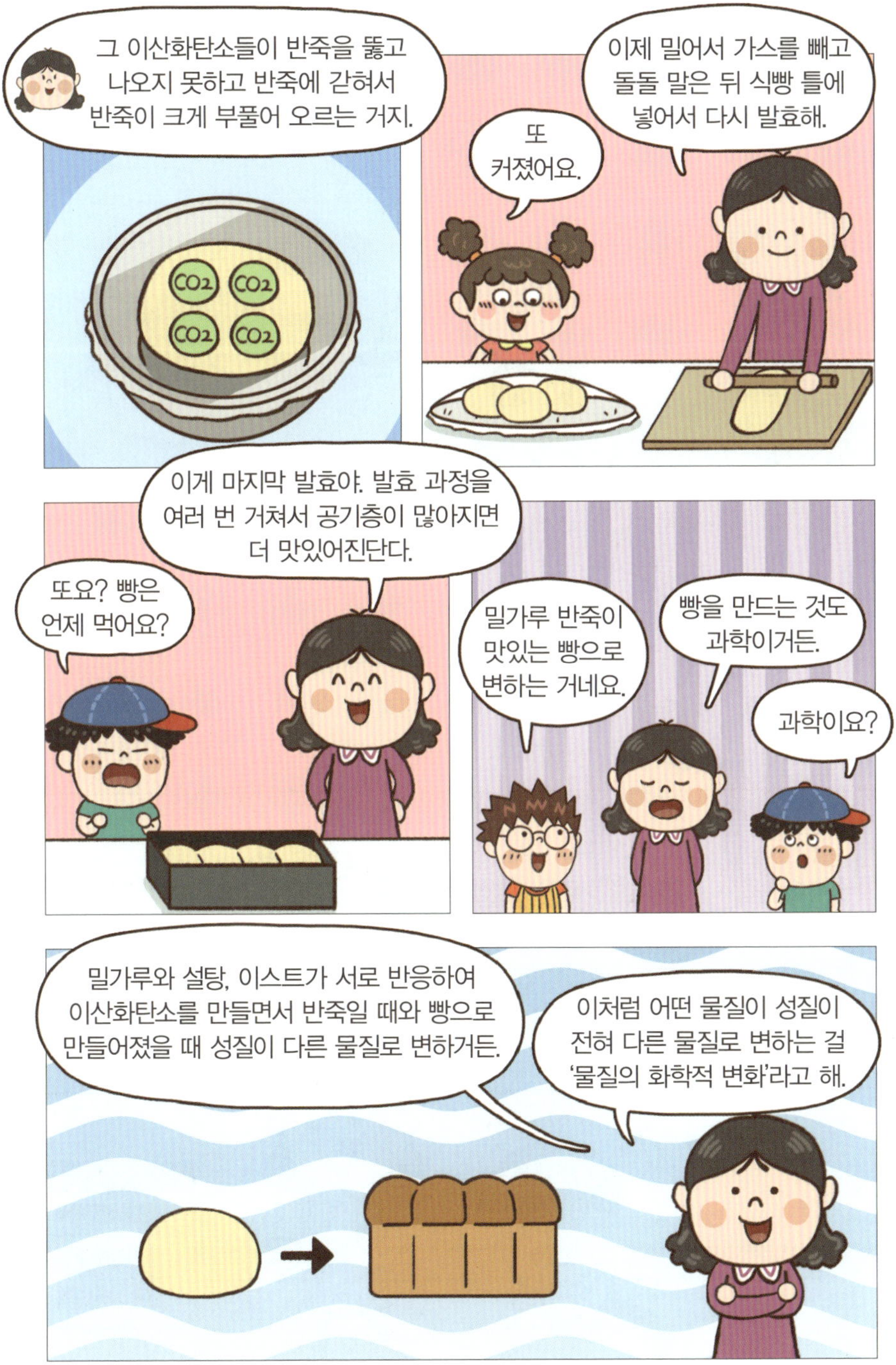

물질의 물리적 변화와 화학적 변화

물체의 재료가 되는 물질은 모양이나 상태 또는 성질이 변하기도 하는데 이를 '물질의 변화'라고 해요. 물질의 변화에는 물리적 변화와 화학적 변화가 있어요.

'물질의 물리적 변화'는 모양이나 상태는 바뀌었지만, 원래의 성질은 변하지 않는 것을 말해요. 물리적 변화가 일어나면 모양만 바뀔 뿐 냄새나 맛은 변하지 않아요. 예를 들어 포도를 주스로 만들면 모양은 바뀌었지만, 포도 냄새나 맛은

물질의 물리적 변화

변하지 않는 걸 말해요. 설탕을 물에 타서 설탕물이 된 경우에도 설탕이 녹아 액체가 되었지만, 맛은 변함이 없으므로 물질의 물리적 변화에 해당해요. 액체 상태의 초콜릿이 고체 상태로 되는 것, 아이스크림이 녹는 것, 유리컵이 깨져서 유리 조각이 되는 것, 나무가 의자가 되는 것 등이 모두 물질의 성질은 변하지 않는 물리적 변화예요.

'물질의 화학적 변화'는 물질의 성질이 전혀 다른 물질로 변하는 거예요. 예를 들어 포도를 으깨서 즙을 내어 발효시켜 포도주로 만들면 포도의 당분이 에탄올로 변하여 술이 되지요. 포도주는 처음의 포도와 다른 맛과 냄새를 가져요. 즉 포도를 주스로 만들면 그 맛이나 냄새는 변하지 않고 모양만 달라진 물리적 변화가 일어나요. 그것을 발효시켜 포도주로 만들면 그 성질이 전혀 다른 물질로 변하는 화학적 변화가 일어나지요. 가축의 젖을 발효시켜 치즈를 만드는 것, 사과를 깎아 놓으면 사과 효소가 산소와 만나 갈색으로 변하는 것, 철이 산소와 만나 녹이 스는 것, 김치

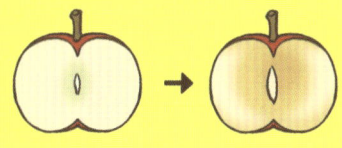

물질의 화학적 변화

나 된장처럼 발효 과정을 거치며 그 맛과 성질이 변하는 것 등이 모두 우리 생활 속에서 볼 수 있는 물질의 화학적 변화예요. 사람이 숨을 쉬면서 공기 중의 산소는 들이마시고, 이산화탄소를 내뱉는 것도 화학적 변화랍니다.

31 바닷물은 왜 마시면 안 될까요?

우리 주변을 둘러보면 강, 바다, 시내, 호수 등 쉽게 물을 발견할 수 있어요. 그중에서 바닷물은 우리가 먹을 용도의 물로 사용할 수 없어요. 바닷물은 왜 우리가 마시면 안 되는지 함께 살펴보아요.

 같이 알아보기

바닷물은 물과 소금의 혼합물

물은 우리 몸의 구성 성분 중 가장 많은 부분을 차지해요. 사람에 따라 다르지만, 물의 비율은 사람의 체중에서 45~80%에 해당해요. 그래서 우리 몸에서 일정량 이상의 수분이 빠져나가면 갈증을 느끼게 되고, 심하면 의식을 잃거나 생명이 위험해질 수도 있어요.

바다는 지구 전체 넓이의 약 70%를 차지하지만, 사람이 먹을 수 없는 물이에요. 바닷물은 우리가 소금이라고 부르는 염화나트륨이 많이 들어가 있는 소금물이거든요. 염류가 많은 바닷물을 마시게 되면 우리 몸은 염류를 제거하기 위해 마신 바닷물보다 더 많은 양의 소변을 배출해요. 그래서 수분이 빠르게 빠져나가 갈증을 더 느끼고, 탈수 현상을 일으켜 심하면 사망에 이르게 되지요. 바닷물은 우리 몸의 수분을 빠져나가게 할 뿐 갈증을 해소하지 못하므로 절대 마시면 안 돼요.

바닷물은 물에 소금이 녹아 있는 '혼합물'이에요. 혼합물이란 '두 가지 이상의 여러 물질이 섞여 있는 것'을 말해요. 여러 가지 물질을 섞어 혼합물을 만들어도 혼합물에 섞여 있는 물질은 각각 원래의 성질을 가지고 있어요. 물과 소금이 섞여 있는 혼합물인 소금물은 소금처럼 짜고, 물처럼 액체입니다. 소금과 물의 성질을 잃지 않고 그대로 가지고 있기 때문이지요.

다른 물질과 섞여 있지 않고 단 하나의 물질로만 이루어져 있는 것을 '순물질'이라고 하는데, 자기만의 특별한 성질을 가지고 있어요. 순물질은 혼합물과 구별하기 위하여 쓰는 말이에요.

혼합물에 섞여 있는 물질은 분리할 수도 있어요. 바닷물이나 소금물에 열을 가하면 물은 증발하고 소금만 남게 되지요. 혼합물에 섞여 있는 물질을 서로 분리해도 각 물질의 성질은 변하지 않고 원래의 성질을 그대로 가지고 있답니다.

32 설탕을 더 많이 녹일 수 있을까요?

설탕을 물에 넣고 저으면 물에 녹아 설탕 알갱이가 더 이상 보이지 않아요. 그래도 설탕의 단맛은 사라지지 않고 남아 있지요. 물에 더 많은 설탕을 녹이는 방법이 무엇인지 함께 살펴보아요.

 같이 알아보기

설탕은 용질, 물은 용매, 설탕물은 용액

여러 가지 물질을 물에 넣으면 물에 녹는 물질도 있고, 물에 녹지 않는 물질도 있어요. 설탕이나 소금은 물에 녹지만, 멸치 가루는 물에 녹지 않고 그대로 남아 있어요. 설탕이나 소금이 물에 녹는 것처럼 어떤 물질이 다른 물질에 녹아 골고루 섞이는 현상을 '용해'라고 해요. 설탕이나 소금같이 다른 물질에 녹는 물질은 '용질', 물처럼 다른 물질을 녹이는 물질은 '용매'라고 해요. 용질이 용매에 골고루 섞여 있는 것은 '용액'이라고 하지요. 설탕물에서 설탕은 용질, 물은 용매, 설탕물은 용액이지요. 용질이 용매에 들어가 녹으면 눈에 보이지 않을 정도로 매우 작아져서 용액은 대부분 투명하게 보여요.

물에 녹는 물질이라도 물질마다 물에 녹는 정도가 달라요. 용질의 알갱이가 작을수록 더 잘 녹지요. 같은 양, 같은 온도의 물에 각각 소금과 설탕을 넣으면 소금보다는 설탕이 더 잘 녹아요. 소금보다 설탕 알갱이가 더 작기 때문이지요. 같은 설탕이라도 각설탕보다 가루 설탕 알갱이가 더 작아서 잘 녹고요.

일정한 용매의 양에 용질이 많아질수록 용액은 더 진해져요. 같은 양의 물에 설탕을 많이 넣을수록 설탕물이 진해져서 더 달지요. 하지만 물에 녹는 물질이라도 무한대로 녹지는 않아요. 물의 양에 비해 용질의 양이 너무 많으면 더는 녹지 않고 알갱이로 남아 있어요. 더 많은 용질을 녹이려면 물의 온도를 높이거나, 물의 양을 늘려야 하지요.

이산화탄소와 같은 기체도 물에 녹여 용액으로 만들 수 있어요. 대표적인 예가 탄산음료로 이산화탄소 같은 기체 용질은 온도가 낮고 압력이 높을수록 잘 녹아요. 실내에 보관한 탄산음료보다 냉장고에 보관한 탄산음료가 톡 쏘는 맛이 더 나는 것은 이산화탄소가 온도가 낮을수록 물에 잘 녹기 때문이지요.

용액은 섞이는 물질의 수와 상관없이 물질이 골고루 섞여 있어야 해요. 오래 두어도 가라앉거나 떠 있는 것이 없어야 하고요. 우리 생활 속에서 볼 수 있는 용액은 탄산음료, 이온 음료, 식초, 식염수 등이 있어요.

이건 설탕이 녹아 있는 용액이야.
이건 이산화탄소가 녹아 있는 탄산 용액이야.

33 비린내 나는 도마를 왜 식초로 닦을까요?

도마에서 생선 손질을 하면 생선 비린내가 나요. 이때 도마를 식초로 닦으면 생선 비린내가 깨끗하게 사라져요. 식초가 어떻게 생선 비린내를 사라지게 하는지 이유를 함께 살펴보아요.

같이 알아보기

산성과 염기성의 중화 반응

세상의 모든 물질은 산성, 중성, 염기성 중 하나예요. 산은 신맛을 내는 성질로 식초, 레몬, 김치, 탄산음료 등 산의 성질을 가진 물질을 '산성'이라고 해요. 염기는 쓴맛을 내거나 피부에 닿았을 때 미끈거리는 성질로 비누, 샴푸, 세제, 베이킹 소다 등 염기의 성질을 가진 물질을 '염기성'이라고 하지요. 물처럼 냄새도, 맛도 나지 않으며 산성이나 염기성의 성질이 나타나지 않는 물질은 '중성'이라고 해요. 물질의 산성과 염기성 정도는 pH(수소 이온 농도 지수) 수치로 나타내요. 중성인 물의 pH 7을 기준으로 pH 수치가 낮을수록 산성 성질이 강하고, pH 수치가 높을수록 염기성 성질이 강하지요.

그렇다면 산성과 염기성 물질을 섞으면 어떤 일이 일어날까요? 산성 물질과 염기성 물질을 섞으면 두 물질이 반응하여 물이 만들어져요. 이처럼 산성과 염기성이 만나 중성인 물이 만들어지는 현상을 '중화 반응'이라고 해요. 중화 반응이 일어나면 산성과 염기성 성질이 약해져요. 같은 농도, 같은 양의 산성과 염기성을 섞으면 중성이 되고, 산성과 염기성의 성질은 사라지지요.

산성과 염기성의 중화 반응은 우리 생활에서 유용하게 사용할 수 있어요. 벌레에게 물렸을 때 체액에 포함된 산성 물질 때문에 피부가 가렵고 부풀어 오르면, 염기성 물질이 들어 있는 약을 발라 가려움과 부기를 가라앉힐 수 있어요. 또 치아 사이에 남아 있는 음식물이 입속 세균에 의해 분해될 때 생성되는 산성 물질은 치약의 염기성 물질로 중화 반응을 일으켜 충치를 예방할 수 있어요. 오줌에 있는 암모니아는 염기성 물질로 지독한 냄새가 나요. 그래서 변기를 청소할 때 산성이 강한 세제나 탄산음료를 부은 뒤, 청소하면 냄새도 없어지고 깨끗해진답니다.

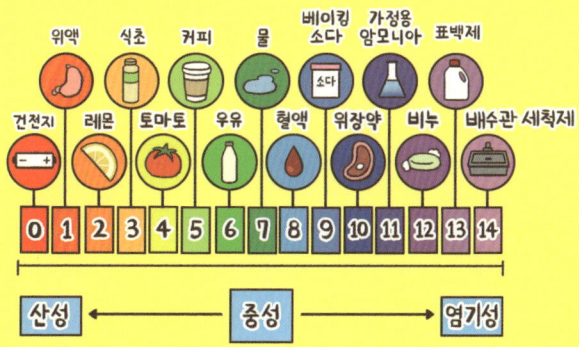

34 산성비는 왜 나쁠까요?

지구 환경이 오염되면서 하늘에서 내리는 비도 산성 성분이 많은 산성비가 내리는 경우가 종종 있어요. 산성비를 맞으면 대머리가 된다는 말이 있는데 사실일까요? 산성비는 왜 나쁜지 함께 살펴보아요.

산성비가 주는 피해

공장이나 화력 발전소에서 석탄과 석유를 태울 때 생기는 연기와 자동차의 배기가스에는 강한 산성 물질이 들어 있어요. 이것이 공기 중에 있다가 빗물에 녹아 산성을 띠는 비를 '산성비'라고 해요. 산성비가 내리는 이유는 대기 오염 물질 때문이지요. 주로 석탄과 석유와 같은 화석 연료를 많이 사용하는 공업 지역에서 산성비가 많이 발생하며, 대기 오염 물질이 바람을 타고 날아가 그 주변 지역에도 산성비가 내리게 되지요. 겨울에는 산성눈이 내리기도 해요.

산성은 석회암과 대리암 등을 녹이는 성질이 있어요. 석회암 동굴은 이산화탄소가 녹아 산성을 띠는 지하수에 석회암이 오랜 세월 동안 녹아서 만들어진 것으로 산성이 석회암을 녹인다는 사실을 알 수 있지요. 또한 산성은 금속과 잘 반응해서 식초와 같은 산성 물질은 금속이 아닌 플라스틱이나 유리로 만든 그릇에 담아서 보관해야 해요.

공기 중에 있는 이산화탄소가 빗물에 녹으면 산성을 띠므로 오염되지 않은 깨끗한 비도 약하게 산성을 띱니다. 그래서 산성 수치가 pH 5.6 이하인 강한 산성일 경우에만 산성비라고 하는데, 산성비가 내리면 심각한 피해가 발생해요. 산성비를 맞으면 금속, 대리암, 석회암으로 만든 건축물, 문화재, 자동차가 녹이 슬거나 망가질 수 있어요. 석회암으로

만든 건물과 조각상이 많은 유럽에서 산성비에 특히 많이 녹아내렸다고 해요. 그리고 산성비로 인해 호수와 강, 토양이 산성화가 되어 그곳에 사는 물고기가 죽거나 나무들이 말라 죽는 등의 피해도 발생했어요. 산성비 피해가 심각한 지역은 영국, 스웨덴, 노르웨이, 핀란드 등의 서부 유럽이고, 우리나라도 심각할 정도는 아니지만 종종 산성비가 내려요.

사람이 산성비를 맞으면 머리카락이 빠져서 대머리가 된다는 말은 과학적인 근거가 밝혀지지 않았지만, 산성비는 오염 물질이 포함되어 있으니 되도록 산성비를 맞지 않는 것이 좋고, 산성비를 맞으면 물로 깨끗이 씻어요. 무엇보다 환경을 보호해서 산성비를 줄이는 방법을 찾아 실천하는 것이 가장 중요해요.

35 과일로 불을 켤 수 있을까요?

건전지가 있으면 꼬마전구에 불을 켤 수 있고, 장난감이나 리모컨을 작동시킬 수 있어요. 그런데 우리가 먹는 과일을 건전지처럼 사용할 수 있다고 해요. 정말 과일로 불을 켤 수 있는지 함께 알아보아요.

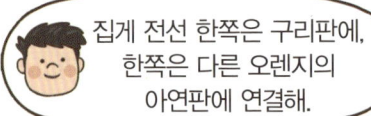
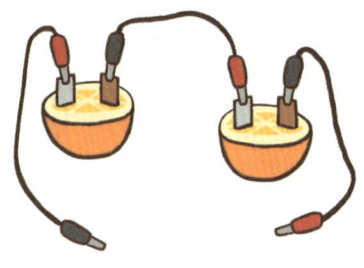

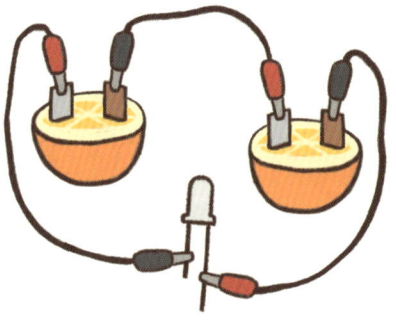

과일로 만든 전지

건전지를 연결했을 때 전구에 불이 들어오고, 시계가 움직이고, 장난감이 작동하는 것은 모두 전류가 흐르기 때문에 가능해요. 전류가 흐른다는 것은 전기를 띤 전자가 이동한다는 것으로 과일로도 전류가 흐를 수 있게 만들 수 있어요.

산은 물에 녹으면 수소 이온을 내놓는데 산성이 강할수록 물에 녹았을 때 수소 이온이 많이 나와요. 이온은 전기를 띤 작은 입자로, 산성 물질에는 전류를 흐르게 하는 이온이 있어서 이것을 이용하면 과일을 이용해 전류를 흐르게 할 수 있지요.

산성 물질은 금속을 녹이는 성질이 있는데 금속마다 그 반응은 달라요. 오렌지로 전지를 만들 때 아연판과 구리판을 꽂는 것은 아연은 산성 성분을 만났을 때 전자를 잘 내놓고, 구리는 전자를 잘 받아들이기 때문이에요. 아연판에서는 전자를 잃고 아연 이온이 되어 오렌지로 녹아 나오고, 이때 아연이 내놓은 전자는 전선을 타고 발광 다이오드를 지나 구리판으로 이동해요. 아연판에서 구리판으로 전자가 이동하며 전류가 흘러 발광 다이오드에 불이 켜지는 거지요. 구리판으로 향한 전자들은 오렌지 속에 있는 수소 이온을 만나고, 이 수소 이온은 전자를 만나 수소 기체가 되어요.

오렌지 외에도 레몬, 사과, 바나나, 파인애플, 오이, 가지, 감자 등 여러 과일과 채소로도 전류를 만들 수 있어요. 과일과 채소로 만든 전류는 약해서 불빛도 약해요. 그럴 때는 과일과 채소의 개수를 늘리거나, 과일을 주무르거나 구워서 과즙을 많이 만들면 전류가 더 잘 흐를 수 있어요. 소금을 살짝 뿌려도 좋아요. 실험이 끝난 과일과 채소에는 금속 물질이 녹아 있을 수 있으니 먹지 마세요.

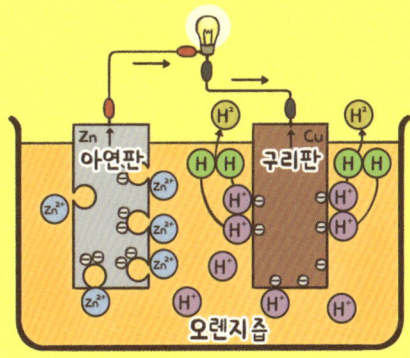

읽기만 해도 실력 쑥쑥
재미 두 배 코믹 만화

알찬 과학 상식

초판 1쇄 발행 2023년 11월 15일

글 정인영
그림 토리아트(김민지)

펴낸이 문제천
펴낸곳 ㈜은하수미디어
기획·편집 김정화, 유다온
디자인 엉뚱한고양이
제작책임 이남수
주소 서울시 송파구 송이로32길 18, 405(문정동 4층)
대표전화 02-449-2701
팩스 02-404-8768
출판등록 제22-590호(2000. 7. 10.)
홈페이지 www.ieunhasoo.com

ISBN 978-89-6579-575-9
ISBN 978-89-6579-506-3(세트)

이 책은 저작권법에 따라 보호받는 저작물이므로 무단 전재와 무단 복제를 금지하며,
이 책의 내용을 일부 또는 전부를 재사용하려면 반드시 ㈜은하수미디어의 동의를 얻어야 합니다.

어린이제품안전특별법에 의한 제품 표시
제조자명 ㈜은하수미디어 | **제조국** 대한민국 | **제조년월** 2023년 11월 | **사용연령** 만 7세 이상 어린이 제품